魔數學習單

老師備課、學生自學、親子共讀的數學魔術推理書

莊惟棟 ｜ 王妤妃 —— 著

目錄
Contents

培養學生帶著走的能力

國立北門高中數學教師│紀志聰

　　其實一開始，我覺得如果所有的數學老師都像惟棟和姈妃這樣，我們這種數學老師不知道該怎麼辦？因為不論是比顏值或比腦袋，都是狂輸啊！這是我第一眼看到兩位老師時的印象。就這樣四、五年過去了！我們幾位也成為很好的朋友，一起經歷過很多事情，也一起完成了很多任務。

　　這本書是從12個可各自獨立但又能整合為同脈絡的工作坊或課程而展開，將各種的數學邏輯規則隱藏在魔術的手法中，但又加上姈妃老師精闢的解說，只要有心並反覆練習，就可以表演的非常順暢的。

　　兩位老師的工作坊我辦過也參加過很多次，每次都是驚呼連連。而且每次一開始報名就都秒殺，因為配合教具和講師的講解下，幾乎與會的老師都不想下課，恨不得一直研習下去，常常造成主辦單位困擾。今日老師們肯將其中的一些奧秘公開於世，讓沒有參與過或是來不及參與的教師和學生可以略窺一二，也是在這個疫情時代，大家都宅在家時，一個很棒的禮物，僅代表普羅大眾感謝兩位。

　　至於很意外由我來寫序，可能因為這幾年擔任高中課程督學一職，對於現今提到的素養教學和素養課程設計，其實就是要培養學生帶著走的能力，那甚麼是「帶著走的能力」，就是要讓學生有感，自然而然的好奇、想知道為什麼？去把背後的原理原則找清楚，並且自然得更想進一

步去知道背後的原因，這樣我們老師就成功了，我們需要的是「引導」而非「指導」，讓學生能夠自主學習進而成為終身的學習者，也就是我們當老師最大的福報了。

最後致各位讀者，要勤加練習，把內容和手法都練習熟悉了才能在上場表演時順遂，不要看惟棟老師和妗妃老師好像很輕鬆，因為他們是高手！

忍不住想要一探究竟的數學魔術書

UniMath 創辦人、中興大學應數系助理教授｜陳宏賓

「數學魔術是進入數學仙境的兔子洞，裡面充滿魔幻和神秘，引人忍不住想要一探究竟。」

數學和魔術的淵源頗深，有不少國際數學大師（例如葛立恆、戴康尼斯、富蘭平太）本身也都擅長並且喜愛在公眾場合表演數學魔術，要知道能夠將數學原理包裝成魔術不是一個簡單的任務，除了充分掌握數學也須考量魔術表演固有的限制，相當考驗魔術設計者的功力。

本書由12個單元組成，內容以一個故事為開端，引入相關數學魔術，其中有許多富含創意的嶄新魔數設計，相當有趣。以數學為本的魔術的特點就是不太需要仰賴須苦練一段時日才能純熟的手法，相反的，只要一步一步遵照指示，數學就能保證你在朋友面前表演魔術時的效果。

每個魔術都對應到一個數學觀念。

兩位作者都是數學教育工作者，因此本書的一大特色就是為了數學學

習而生，內容是以工具書格式書寫。主要是針對國中小數學範疇，數學觀念非常適合做為小學高年級學生的進階思考遊戲。

「魔數」的吸引力

臺中市僑榮國小校長｜許坤富

　　如何讓學生愛上數學，一向是數學老師課堂上最想要達成的目標。看過莊惟棟老師演示過的課程，就可以發現他的最大亮點，就是將數學定理包裝在各式各樣的密碼數列裡，轉化成生活中有趣的魔術，運用有趣的手法，激發學習者想要一探究竟怎麼做到的好奇心，這個課程可以稱之為「魔數」。

　　本書所設計的每個魔數主題，佈局都有其邏輯脈絡，背後更有嚴謹的數學知識結構支持，透過老師的引導講解、應用後，讓數學變得有趣，而讓數學變得有趣正是引起學生學習動機的最大關鍵，有了這套巧妙的魔數設計，對於有心想要提升學生學習動機的老師來說，不啻為很好的參考導引工具，值得嘗試運用。

　　本書在每個單元裡，也會使用一些短語來增加小朋友閱讀數學的樂趣，各單元的魔數教學活動設計，他都特別重視幾個成功學習的要件，包括：1.有效引發好奇2.內容有趣吸睛3.明確的步驟指引4.遊戲化具操作性5.可在生活情境中應用6.具有邏輯性的核心概念知識。經過一步步的引導，學生統整運用數學概念來解題，此種設計讓學生驗證化解了內心疑

惑，催化等待的神祕感以及成功後的成就感，能有效燃起學生心中對數學的熱情，完全符合「引起動機」、「維持注意」、「激發行動」的教學程序應用。本書並將這些內容與十二年國教課綱的數學領域學習重點相連結，可以更方便師生在課堂上進行相對應的學習內容參照。

除了作為教學工具外，透過本書的引導，一般的學習者也會發現數字的背後竟藏有這麼多祕密，當熟悉這些數字規則規律後，加上記憶小技巧，其實會發現數學也可以很生活化，數學不再讓我們感覺有距離感，讓我們依循莊老師和王老師的引導，一起來發現「魔數」背後裡的有趣規則。

數學可以在生活中信手捻來

雲林縣舊庄國小校長｜許學政

看完整本書中故事後腦海中湧現教室歡樂的畫面。原來數學的跨域學習教材也可以這樣編纂啊！

受了惟棟老師前幾本書暗示的影響，「拿到書，先看內容不要看魔數效果部分」，我當成讀小說般，一口氣先把每個篇章的故事先審視一遍。看完後，驚覺這就是一學期「校長說故事」的參考佳例。因為每篇故事在其後的小結語，不但有老師小語與小叮嚀，更貼心地列出可與學生討論的觀點，真是適合我在空中與孩子分享啊，這些故事都是接續魔數的引言。

　　一本結合108數學學習課綱，是以魔數包裝的教學精品啊！以深具意涵的寓言故事為始，搭配燒腦的師生共作學習內容，最後引發學生進階挑戰的觸類旁通。由淺入深，一步一步吸引孩子進入心流的漩渦，進而願意自我挑戰。

　　在本書中的魔數適合老師將其結合在數學科教學中，有助於提高學生的學習動機。學生喜歡解謎，但不一定喜歡解題，因為好奇心、求知慾與接受（自我）挑戰是與生俱來的本能。在教學實務現場中，確實發現太多孩子陷於習得無助之泥淖，導致於自我設限、自我能力否定。我相信，這些孩子不是不喜歡學習，而是在之前的學習經驗中讓他挫敗、心生畏懼，漸而覺得無趣，導致最終的結果就是放棄。

　　作者不藏私的把每個魔數效果做一完整的呈現與闡述，兩位作者在本書中，貼心地分成等同教師手冊（協助老師搭設鷹架）的教用版與提供學生完整學習與思考過程的學生版。老師可在了解整個魔數效果後，利用引導語即可完整的表現魔數效果（當然需要多刻意練習）。學生亦可在學習後，利用觸類旁通的挑戰題，再次省思自己是否已了解此單元的學習。

　　我想這本書的目的絕不是單純讓老師授課的工具書，更是可以協助老師引導學生進入數學殿堂（至少要進入數學教室）的一個啟動器。所以我相信本書對於老師來說也是一個教學的示範，因為教學並不一定就是照著教科書的安排，照本宣科的把解題技巧傳授給學生，原來只要經由老師巧妙的安排，數學也可以變得很有趣；同時對學生而言，原來數學真得可以在生活中信手捻來，無處而不自得，而且即便不是在生活中可用，只要學生知道他在學什麼，他就會願意學習，樂在學習，進而接受挑戰。

妃常棟心的好書《妃常魔術》

教育部閱讀推手、臺中市漢口國中主任 | 張文銘

妗妃老師是位多才多藝的老師，更可說是一位藝術家，除了有令人稱羨的數學素養之外，對於音樂的才華讓我仰慕不已。惟棟教授是我從數學絕食到喜愛的啟蒙師，中文系出身的我，數學可以說是我的絕緣體。兩位老師聯手創造出的驚喜，就如同我的推薦標題，這本書，令人看了之後，會非常動心！

小故事大啟示，是我課堂間信手拈來的教學小秘訣。這本書中居然可以讓故事成真，以新課綱的數學素養為核心，旁徵博引的連結各領域，附加上兩位老師在教學中的人生哲理與小叮嚀，為老師打造快速且無壓力的備課環境，可見兩位老師在撰寫的過程中，時時刻刻希望閱讀者及老師家長們可以在最真實的教學現場中身體力行。

一本連國文老師都讀得下的《魔數學習單》即將蔚為搶讀風潮，看過的人無論在親子交流、親師關係、師生關係甚至班級經營皆收穫甚多，裡面貼心設計的操作筆記與學習單，讓授課老師或家長可以輕鬆引導孩子們透過個人實作，加強概念化思維與表達能力的訓練，不得不說，這樣的設計太貼心了。

十二則故事搭配，在品讀故事過程中，居然可以練出數學的強大招式，在教育心理學上的呼應更上層樓，重視實用的效果讓你可以隨心所欲的展現功力。我常在演講中提到，未來的社會人必須同時具備高感性與高理性，而這些能力來自於文史的感性與交織數理的理性。從故事中找尋關鍵的啟發，一本如此優質的好書你能不擁有？向您推薦！

讓枯燥的數學課也能變酷的好書

國立臺灣大學電機系教授｜葉丙成

　　在所有的科目中，數學是個不好教的科目。之所以不好教，倒不是說內容困難。而是難在數學科相對於其他科目而言，不少學科知識都不是那麼容易跟真實世界連結，所以不是很容易能跟對應的真實世界案例。當看不到真實的應用情境時，學生對於數學的學習動機就很難被誘發，自然學習的效果也不會好。數學之所以不好教，就難在誘發學生的學習動機這一塊。

　　惟棟老師一直是台灣數學教育的奇才。過去他把數學結合魔術、漫畫、故事，讓許多學生對數學的學習覺得有趣。這一次他和王姈妃老師為台灣數學老師們所出版的新書《魔數學習單》，我認為對想提升學生學習數學動機的老師們來說，是極大的幫助！

　　在這本為老師們設計的教學書裡，除了在每個章節都有饒富趣味的故事引起學生興趣外，每個章節都搭配了對應的魔術。魔術的背後都隱含著要讓學生學會的數學原理。這些魔術激起學生的好奇，並在書中提供老師們對應的學習單，引導孩子在過程中思考魔術背後的數學原理。當學生學會這些原理、並應用在魔術中去展現給親朋好友看時，學習數學變得是如此酷、如此有成就感的一件事！學生還能不愛數學嗎！

　　如果你是一位很想教會孩子數學的老師，同時也是一位很希望提升孩子學習數學動機的老師，我認為這本書會是很有幫助的一本好書。有了這本書，你也有機會讓你的數學課變成孩子心中最酷的一門課！

「妃」常心「棟」的一本書

臺北市麗湖國小資優班老師｜劉輝龍（aka龍老）

自「魔球聯盟」以來，再次見證惟棟教授的魔數時刻！

美國教育界大師Ralph W. Tyler（1949）曾說過：「教學、課程、評量是教育的正三角形，缺一不可（book）。」

老師們的日常，從設定教學目標開始，選擇合適又有趣的教材設計課程，發展有效的教學流程，到最後評量檢核的循環過程中，反覆修訂、調整，才能編寫出一個貼近學生需求的課程。

妗妃老師加入創作的這本魔數，有別惟棟教授以往作品，《魔數術學》、《逆轉騙數》和《反轉千數》，將魔數的教學隱藏於小說文字之間。

而是以工具書的格式，清楚呈現教學、課程和評量的三位一體；

＜教學＞手把手的教學流程→清楚簡案，很好懂，

＜課程＞圖表格的學單設計→方便記錄，不繁瑣，

＜評量＞超吸睛的魔數實作→簡單操作，易成功。

魔術手法拙劣的我，也想要變變魔術來豐富自己的教學，因此我參考了《魔數術學》的內容，嘗試規劃教學和編排學習單，雖然事後很有成就感，但思考的過程殺死了很多腦細胞和許多時間！

如今，只要你願意好好閱讀這本書，絕對站在巨人肩膀上，省去時間獲得成就感。

不過，您不要以為這只適合老師的硬梆梆備課用書；其實，也適合國中、小對數學有興趣的學生或資優生「自學使用」，不僅可以觸類旁通，開啟數學樂趣的大門，甚至從裡面找尋科展研究的靈感或參考資料，都是很棒的選擇呢！

看完書的感想，一憂一喜；擔憂的是，我自編教材的樂趣和成就感，可能要被作者剝奪了！但高興的是，省下來的時間，可以讓我好好來練習魔術與魔數了！

什麼，您說都沒有介紹內容，小聲地跟您說，12篇魔數的祕密和有趣的數學，要等您自己去挖掘！

註：魔球聯盟（桌遊）、魔數術學（書）、逆轉騙數（書）和反轉千數（書），都是莊惟棟老師的作品

增進親子關係的良方

國小閱讀磐石推手獎｜鍾麗文

　　閱讀，是學習的基礎工具；跨領域探究，是素養的養成訓練。作者掌握了孩子愛故事的天性，以故事出發，延伸出對故事寓意的思辨，更令人驚喜的是，每一則故事，都能發展出一個魔「數」原理。不僅為圖書教師提供了一套全新的閱讀教學模式，更替跨領域探究，開展出一種新的視野與可能。

　　書中，透過12則故事，介紹了相對應的12個魔「數」原理。清楚的步驟拆解說明，讓老師輕鬆的跟著書中的流程，就能成功為孩子呈現一次見證奇蹟的魔「數」表演。不僅能有效的引起學生的學習興趣，更貼心的設計了可直接使用的學習單，讓老師可以依據學習單的設計，帶著孩子探究魔「數」原理，讓孩子不但學會魔「數」技法，享受變身為魔「數」師的成就感，同時也讓孩子們學到探究數學原理的方法。

　　溫暖的像太陽，能趕走寒冷和仇恨。讀過惟棟老師以往出版的數學科普書，就像在冬日裡感受陽光的照拂，像是為靈魂澆灌滿滿的熱情。這次本書中又見暖心叮嚀，《寶藏圖》告訴我們人類最大的寶藏是情感，世界不論如何進步，沒有任何東西可以取代真、善、美的情感。看過《生日方陣》，我們看到人生的價值不是物質，而是無可取代的靈魂，因為那是人類最真摯、最珍貴的感情。作者說故事但不說教，讓孩子思辨重要的人生價值觀點。《幸福占卜》告訴孩子，真理有時不需要靠爭辯去維護它的存在。《生命靈數》提醒我們，環境變化時，不能守舊和停止學習。《老鷹預言》更教會我們，換個角度看世界，可以逆轉刻板

印象，甚至為我們找到解方。書裡的12個故事，不只是引人入勝的情節，更是發人深省的生命議題。

我想把這本書定義為：一本跨領域魔「數」探究閱讀教學手冊。這是一本圖書教師與綜合、數學以及語文領域教師，發展跨領域探究課程的最佳指南。透過書中的故事引導，可發展綜合課程中各相關議題的思辨討論；結合故事延伸的魔「數」原理探究，可設計數學領域自主探究的主題式課程，引發孩子對數學的學習興趣與信心，讓孩子不再恐懼數學，開始愛上數學；故事中使用到的成語，也會有精心的解釋及說明，因此語文領域老師也可以納入此一課程的共備成員。此外，作者們為每一則魔「數」原理的教學設計，及議題思辨方向，清楚對應108課綱中數學領域及綜合領域的學習內容，讓老師應用在實際課堂教學時，更能符應領綱的規範。是一本「一開即用」的教學利器。

不只是老師，家長更需要這本書做為增進親子關係的良方。有時父母不是不願意花時間陪伴孩子，而是不知道可以陪孩子們做些什麼。如若家長可將書中的故事與孩子們一起分享、討論，聽聽孩子們自己的感受與想法、陪孩子一起探究魔「數」原理、一起練習魔「數」表演，那麼，親子時間將不再被電視、平板佔據，父母的陪伴將變得更有趣，學習也能在陪伴中默默發酵。

莊老師及王老師巧妙的結合了故事、生命哲學與數學探究於一書，更仔細拆解每一個教學流程與步驟，有系統的呈現每一個魔「數」主題要探討的思考點與原理。即使孩子自己閱讀，也能學會思考、自主探究學習。老師和家長也能在書裡找到教學與陪伴的方法；孩子輕鬆自學，解鎖數學的奧妙與驚奇、發現學習的樂趣和成就感，應是這本書帶給讀書者最大的收穫與價值所在。

人人都是魔數師

臺南市創思與教學研發中心專任研究教師 | 蘇恭弘

　　有個廣告是這樣的：一個爸爸帶著小孩走在路上，路旁停了一部很酷炫的汽車，小孩在車旁不停向車內探望，流連忘返，車主到來後，大方地開啟車門，邀請小孩坐進駕駛座，此時畫面特寫小孩發亮的眼神，搭配廣告詞：「每個孩子都有一個汽車夢！」，而本書講述的是「魔數夢」！

　　12個故事、12個魔術與12個魔數，透過每個讀者都可信手捻來的素材，例如：生日、星座、生肖……，就能立刻變出一個個動人的魔術，更厲害的是這些魔術背後的本質，並不需要用到高深的數學原理，只要您會加減乘除、分類與簡單的數學知識，就能將它們玩弄於股掌之間，在若有似無間編織著每位讀者心中的魔數夢，不言自明地證明了「學數學」實在是挺有用的呢！

　　個人覺得本書另一個深藏的用心是想傳達探索、自我學習的精神，不管是利用手機、時鐘、九宮格、藏寶地圖抑或是魔方陣來當工具，這些媒材簡單易得，讀者要自己動手操作並不是難事，雖然只有12個魔術，但在這樣自在的探索過程中，說不定讀者最後自己能融會貫通，創造出新的魔數，我相信正緣自這種廣寬的內涵，加強了每位讀者實現魔數夢的可能。

　本書以學生探索為內涵，每個故事都帶有一個成語的介紹與討論、反思，引領讀者進入探索世界，故事的鋪陳有著畫龍點睛的作用，在以數學學習為目的的書籍中，這是相當少見且跨域的安排，千萬不能小覷它所發揮的潛移默化效果。

　有別於惟棟老師前三本書以小說的型態呈現，個人認為惟棟老師與姈妃老師合著的此書，它的野心更大了，希望引領讀者圓一個魔數師的夢，強調學生要能自主思考、肯探索、願意動手做，進而感受到數學的美妙與神奇，因此雖然本書定位在工具書，我相信讀者閱畢本書，闔上書扉之際，心中除了有滿滿的感動外，還會多出一種信心：一種我願意試試看，我也可以是魔數師的信心。

數學魔術引導學生興趣
魔數學習單提升授課效益

作者 | 王姈妃

> #數學魔術不是曇花一現的動機引導而已，而是確實傳達閱讀與思考的能力。

在教學現場遇到許多對於數學灰心的學生，最好的方法就是『陪伴』。回想自己從求學階段到成為一名數學教師，在學習的路上總是需要比其他人花更多的時間，因此更能體會學習者的困難處，而這些困難處非常需要「耐心與愛心」的陪伴，一步一步，努力堅持著，這一股「堅持不放棄」的力量，是媽媽從小陪伴我的教育方式，並具體引導我如何觀察、分析和整理，進而養成我熱愛系統化統整的習慣。

數學魔術魅力，使教室中孩子專注與樂此不疲的影響，讓我閱讀相關著作並融入教學現場。實際在課程應用後，發現某些原本計算力不佳或程度待加強的學生來說，即使喜歡又好奇，在學習的效率與延伸遷移能力上，相較於高學習成就的學生來說仍有明顯不同，在課堂的施作上，一開始我是有挫折的，常常思考如何陪伴孩子釐清困難處，藉由清楚明瞭、淺顯易懂和高效學習，養成主動思考的習慣。

　　亞里士多德（Aristotle)說：「數學能促進人們對美的特性——數值、比例、秩序等的認識」，因此我在擔任惟棟老師營隊課程的協同教師時，藉由擔任多年數學模考命題設計的經驗，開始針對數學魔術，著手設計一系列的學習單，試用在數學授課班、學營隊上的成效出奇驚艷，希望透過完整的規劃進程與練習，進而達成全班學生進度一致的訓練，影響學生的學習反應，讓老師們授課時更有效率。

　　經過這次的經驗，原來真正的精髓不是教師研習上的『魔數方法』、而是教學引導上的『魔數學習單』，在開富總編、惟棟老師的支持下遂有此書的誕生，希望藉由此書的出版，未來也會成立共備社群，讓許多老師能透過學習單的設計，把數學魔術發揮到最大的效益，讓學生願意好好的練好基本功，讓數學魔術不是曇花一現的動機引導而已，而是確實傳達閱讀與思考的能力。

　　謝謝林開富總編、編輯團隊、莊惟棟老師的陪伴及鼓勵，謝謝給予各項回饋的推薦序師長們、簡月娥老師、郭姿伶老師及千金林栩嫻，才能使得本書更佳完備。最後再次感謝開富總編、惟棟老師、墨刻出版，給予我這個學習成長的機會；感謝我的媽媽，給我全世界最棒的教育；感謝臺北企業總工會王裕文理事長在教育路上多年的陪伴及支持；感謝所有摯親們及本書的每位讀者，謝謝您們的支持。

最完整的學習單
最神奇的數學科普書

作者 | 莊惟棟

＃這是一本教師、學生、親子都適用的全方位數學科普教材

　　自魔數術學、逆轉騙數、反轉千數三本數學魔術小說出版後，許多國中、高中彈性課程和多元選修都將其納入數學教材，不只能與學科知識點結合，又能符合新課綱素養精神，讓學生探究及思考數學神奇的應用與樂趣。但是這些課程都必須教師本身能力卓越，花費許多時間內化後編成課程教案，才能提供給學生學習；雖然在學期課務與班務行政的時間緊迫壓力下，教師的用心依舊，作者群希冀藉由本書的出版，提升教師的效率，讓本書成為減輕負擔的多元數學教學工具書，篇章也對應學習指標讓老師方便結合自己的教學進度與目標。

　　本書最大的特色是學習單的設計，由從事數學教育工作的王姈妃老師（東興國中數學科）創著，王老師除了擁有現場教學十餘年經驗，另外有數學營隊創意設計、國中模考的試題命題專業、數學博物館視覺規劃與內涵設計，對於認知心理學上的理論與應用更擁有獨到的灼見，在我教育學論文著作上更提供許多寶貴的意見與協助，本次特別邀請王老師

　將設計學習單的細節與由簡入深的引導，以學習者達成心流為目標的方式，在學習單操作上，讓魔數不只是引起動機的敲門磚，更把數學的原理深刻於學習者心中，呈現數學在現實的應用與樂趣。

　對於閱讀與建議，本書的效果情境放在前端，其次解密魔數的方法，後續接續教用版與學用版的學習單，教師及家長可利用ＱＲ下載空白學習單提供多位學員使用，教學者可拿著書直接授課引導。為了提供讀者或教師使用上的便利性與互動性，特別成立教師共備社群『妗光乍現』，讓大家可以針對內容進行討論，並擴充相關學習單及交流分享。如果我是本書的魔數創意作者，那王妗妃老師是把魔數注入教學關懷與有效學習的最佳作者。這將是一本前所未有，學習單最完整、最好學最神奇的數學科普書。

Part 1

幸福占卜

博學多聞的老和尚正在讀經，弟子怒氣沖沖的帶了一個全身綠色的人進到寺內，因為小和尚和這個人吵架，小和尚說一年有四季，這個小綠人說一年只有三季，要老和尚評評理，誰輸誰下跪磕頭。老和尚說：「一年只有三季，請原諒我這個年輕的小徒弟。」

小和尚雖然百般無奈，仍然遵照約定，向小綠人磕頭認錯。小綠人走後，小和尚氣哭了，問老和尚一年不是四季嗎？

老和尚說：「剛剛那個人是三季人，

如果他知道你是四季人，那你就被他活吞了。全身綠色的三季人其實是蚱蜢精，他們春天出生、秋天就死去，不會知道冬天的存在。他們看不慣別人活得久，可以享受四季的交替，他們的世界只有三季，即使你是對的、是真理，他們沒有生命與智慧去印證他的錯誤，你和他爭辯和他吵架，他失去了他的生命豁出一切，而你大好的未來也被他毀壞，那值得嗎？」

　　老和尚安撫小和尚的委屈，為他做了一個幸運占卜，占卜結果是大好的前程與光明的未來，小和尚終於釋懷，**破涕為笑**，也領悟了不與三季人爭辯的大智慧。

老師小語

因為遠見與智慧，真理有時不需用爭辯去維護它的存在。

小叮嚀

破涕為笑：停止哭泣、轉為喜笑。

學生討論

趨吉避凶不是懦弱，韓信將軍當年知道不逞匹夫之勇才是智勇雙全。

本篇效果

觀眾任意選一張牌當出發點，結果都會和魔數師的預言一模一樣，永遠獲得幸運。

108課綱學習內容

數學領域：N-8-3 認識數列、N-10-6 數列、級數與遞迴關係。

綜合領域：Ba-III-2 同理心的增進與實踐。

幸福占卜

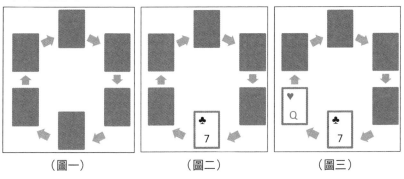

（圖一）　　　　　　（圖二）　　　　　　（圖三）

老和尚：「請你任意選一張牌並打開。」（圖一）

小和尚：「選好了。」

老和尚：「從你選到的牌當出發點，你選到的是梅花7，所以順時針走7步，一張牌一步。」（圖二）

小和尚：「1234567。」

老和尚：「停留在哪裡，就把那張牌打開，並告訴我看到的花色和點數。」

小和尚：「我看到的是紅心Q。」（圖三）

老和尚：（打開預言紙，紙上寫著紅心Q）

老和尚：「停在紅心Q上的你，將是最幸福最幸運的人。」

幸福占卜 操作流程（教師用版）

準備	撲克牌「紅心Q、黑桃5、紅心10、梅花9、方塊2、梅花7」、操作模板預言紙（或自行拿空白紙寫預言）。	
	口語表達	操作細節
流程	魔數師：這裡有六張牌，我把它蓋在這裡圍成一個圈，請隨機點一張牌打開，然後依照數字順時針走步數。 觀眾：我打開這張，是梅花7。 （假設觀眾選梅花7） 魔數師：請你從梅花7順時針走7步（一張牌一步），停在哪裡，就把那張牌打開，並告訴我看到的花色和點數。 觀眾：我看到的是紅心Q。	❶ 撲 克 牌 必 須 依 照「Q→5→10→9→2→7」（口訣：誇我十拿九穩，愛妻）順時針繞一圈，建議蓋著表演，雖然全部打開表演也可以，但容易被數感極佳的人看穿順序的玄機；觀眾若選紅心Q，則可直接打開預言，不用順時針走，因為一開始就選中了。

（續上頁）

	口語表達	操作細節
流程	魔數師：（打開預言）。 魔數師：停在紅心Q上的人，將是最幸福最幸運的人。	❷預言先寫好，若能準備正式的卡片送給觀眾，將更添儀式感，強化驚奇感動的情緒。

學習單引導

幸福占卜

❶學用版（學生筆記）。

❷抄寫流程。

❸學習單引導，想想數字間的規律，將每張牌逐一分析討論。

❹教用版紅色字為學用版空格參考解答。

幸福占卜 學習單

（教師用版）

一、首先，填數字想一想，數字之間的規律如何指向同一個結果。

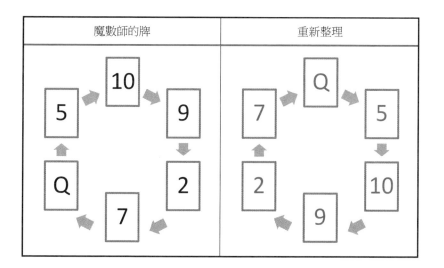

接著，我們將每張牌走的步數和終點整理如下，並觀察看看有什麼發現！

一圈有6張牌，「Q→5→10→9→2→7」順時針循環，Q=12			
選到	步數	步數除以6的餘數	操作後的結果終點
紅心Q	12	$12 \div 6 = 2...0$	紅心Q
黑桃5	5	$5 \div 6 = 0...5$	紅心Q
紅心10	10	$10 \div 6 = 1...4$	紅心Q
梅花9	9	$9 \div 6 = 1...3$	紅心Q
方塊2	2	$2 \div 6 = 0...2$	紅心Q
梅花7	7	$7 \div 6 = 1...1$	紅心Q

二、接著，再從目標牌的位置倒回（逆時針）
步數，進行分析討論：

目標	倒回走步數	停在哪
紅心Q	1	梅花7
	2	方塊2
	3	梅花9
	4	紅心10
	5	黑桃5
	6	紅心Q

三、魔數祕密：

❶ 因為牌的點數太小，很容易被觀眾發現祕密。

❷ 所以我們讓點數多繞一圈，一圈有6張牌，表示可以加上6的整數倍。

❸ 搭配「 1≤撲克牌點數≤13 」，規律祕密整理如下表：

（ m=0、n=1 ）

牌	數字拆解		規律祕密
紅心10	4+6	4+6×1	4+6n
梅花9	3+6	3+6×1	3+6n
方塊2	2+0	2+6×0	2+6m
梅花7	1+6	1+6×1	1+6n
紅心Q	6+6	6+6×1	6+6n
黑桃5	5+0	5+6×0	5+6m

幸福占卜 觸類旁通（教師用版）

編號	題目
1	依本單元魔數規則，若想設計成自己喜歡的目標牌，請說明在原始6張牌的狀況下，目標牌是否可以改為奇數點？如果不行，請述明理由？（提示：本書第六篇九宮定位原理可解釋） ❶ 假設選到的牌為目標牌，將其位置看成 0，且目標牌為奇數 ❷ 則需要走 6n 才能回到原來目的位置（n=0，1，2） ❸ 0+ 6n＝偶數，所以目標牌是奇數不合理 ❹ 因此選到該張牌時，將走不回原來的位置 ❺ 所以目標牌必須限定為偶數點，才不會有特例

（續上頁）

編號	題目
2	設計一個「幸運七」的形式，裡面的牌要如何排列，可以永遠選到目標牌？ （註：此設計預言已經排好了7的形狀，不需要先寫預言，如下圖所示） （參考答案，不只一種解） 學生可用窮舉法，記錄7張去驗證；也可用「 +7n 」的方式設計確認。「J-10-2-8-7（目標牌）-K-5」 **10 2 8** **J 7** **K** **5**

幸福占卜 操作流程

(學生筆記)

班級_____座號_____

姓名_____

準備		
	口語表達	操作細節
流程		

幸福占卜 學習單

班級_____座號_____

姓名_____

一、首先，填數字想一想，數字之間的規律如何指向同一個結果。

魔數師的牌	重新整理

魔數師的牌：
- 5 → 10 → 9 → 2 → 7 → Q → 5

接著，我們將每張牌走的步數和終點整理如下，
並觀察看看有什麼發現！

一圈有＿＿＿張牌，「＿＿＿＿＿＿＿＿＿＿＿」順時針循環，Q=12			
選到	步數	步數除以6的餘數	操作後的結果終點
紅心Q	12	12÷6=2...0	紅心Q
黑桃5			
紅心10			
梅花9			
方塊2			
梅花7			

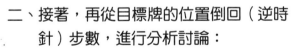

二、接著，再從目標牌的位置倒回（逆時
　針）步數，進行分析討論：

目標	倒回走步數	停在哪
紅心Q	1	梅花7
	2	
	3	
	4	
	5	
	6	

三、魔數祕密：

❶ 因為_____。

❷ 所以_____。

❸ 搭配「 1≤撲克牌點數≤13 」，規律祕密整理如下表：

(_____)

牌	數字拆解		規律祕密
紅心10	4+6	4+6×1	4+6n
梅花9			
方塊2			
梅花7			
紅心Q			
黑桃5			

幸福占卜 觸類旁通

班級＿＿＿＿＿座號＿＿＿＿＿

姓名＿＿＿＿＿＿＿＿＿＿＿＿＿

編號	題目
1	依本單元魔數規則，若想設計成自己喜歡的目標牌，請說明在原始6張牌的狀況下，目標牌是否可以改為奇數點？如果不行，請述明理由。（提示：本書第六篇九宮定位原理可解釋）

（續上頁）

編號	題目
2	設計一個「幸運七」的形式，裡面的牌要如何排列，可以永遠選到目標牌？ （註：此設計預言已經排好了7的形狀，不需要先寫預言，如下圖所示）

目標

幸福占卜
操作模板

現在你停在最幸福最幸運的紅心 Q

(可列印此頁表演時使用)

(或自行拿空白紙寫預言)

Part 2

寶藏圖

　　一個農夫去世的時候，三個兒子準備分家分地。以往他們分工合作，現在要做一個切割，大家各自管好自己的土地、種植自己想要的作物。可是因為土地的位置還沒有談攏，三人都不願意先翻土播種，整個春天都快過了，再不工作一定影響今年收成。就在三人吵得不可開交時，發現以前農夫的工具上有一個小袋子，上面告訴他們：「土地裡埋著寶藏，你們千萬不能分家，要像我在世時一樣團結。」

　　三兄弟看到這封信，二話不說馬上到田裡翻找，找遍翻遍了整個田，就是沒看到

黃金。

　　路過的鄰居看到他們三人如此賣力，開心地說：「你們三兄弟真團結，老丁去世後三個兄弟還能這麼團結，這麼勤勞的一起工作，你們三個真的是他人生中最棒的寶藏，一般人早就割地分家了。」

　　三兄弟**面面相覷**，大哥難過的哭了起來，原來最大的寶藏是家人的團結，老農夫說的寶藏就是這個，三人抱頭痛哭難過父親生前還為了此事操心，三人決定不分家，不分彼此，好好地繼承父親留下的寶藏。

人類最大的寶藏是情感！看看世界不論如何進步，沒有任何東西可以取代真善美的情感。

小叮嚀

面面相覷：互相對視而不知所措。

學生討論

寶藏是什麼？親情不能被視為理所當然，那份情感是最原始而且珍貴的，必須付出愛來守住這份～人生中最具價值的寶藏。

本篇效果

觀眾任選一張牌，當作目標。魔數師拿出一張神奇的寶藏圖，只要跟著走，就能在地圖上找到那張牌，會令人嘖嘖稱奇的一個紙牌魔術。

數學領域：G-7-1 平面直角坐標系、A-7-3 一元一次方程式的解法與應用：移項法則。

綜合領域：Bb-II-1 團隊合作的意義與重要性。

 魔數效果

寶藏圖

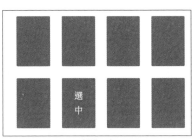

（圖一）　　　　　　　　（圖二）

（圖三）

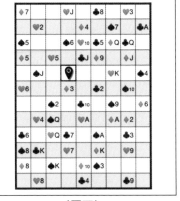

（圖四）

過一會兒，三弟找到一張寶藏圖、數張撲克牌和一封信，並念給大家聽。

三弟：「這裡有八張牌，請大哥洗亂後代表大家選取一張，並幫大家保管這張重要的牌。」（圖一）

大哥：「我選好了。」（圖二）

三弟：「接著請二哥操作，黑桃代表向上、紅心代表向右、梅花代表向下、方塊代表向左，數字代表移動的格子數，請將手上的七張牌依照順序在寶藏圖上從出發點移動，最後會停留在一個格子，請大哥唸出剛才保管那張牌的花色和點數。」（圖三）、（圖四）

大哥：「我剛才選到牌的花色就是二弟現在停留的位置，真是太神奇了！果然是兄弟齊心，其利斷金。」

寶藏圖 操作流程 （教師用版）

準備	撲克牌、操作模板寶藏圖。

流程	口語表達	操作細節
	魔數師：我隨意抽出八張牌洗亂，請你點選一張，不要看，蓋在旁邊，這張牌代表你人生中要追求的目標，請你先許個願望，如果等一下找到你的目標，你的願望就會實現。 觀眾：好了。 魔數師：請你再把剩餘七張牌洗亂。 觀眾：好了。	❶準備八張牌放在頂牌：黑桃A、黑桃3、紅心A、紅心4、梅花2、梅花5、方塊2、方塊A。 ❷蓋著的牌所有人不要先偷看。一開始洗牌時，翻成正面只洗上面，讓觀眾看到牌每張不一樣，但是不要動到那八張。再翻回背面向上發下八張牌。

（續上頁）

	口語表達	操作細節
流程	魔數師：我這裡有一張神祕的寶藏圖，共有108格，也就是說你實現願望的機會只有1/108。 魔數師：請依照你手中牌的順序、點數在寶藏圖上從起點開始移動（黑桃♠是向上↑、紅心♥是向右→、梅花♣是向下↓、方塊♦是向左←），只要是善良的人，藏寶圖都會為你找到你的寶藏。 觀眾：移動好了。 （觀眾依照撲克指引移動，果然停在一開始選到被蓋住牌的數字和花色上）	❸寶藏圖上的標記點是起點，從起點開始，依照撲克牌的點數，做方向的移動。

♦7		♥J		♣8		♥3	
	♥2			♦4		♠7	♣A
♠5		♠6	♥10	♠5	♦Q	♣Q	
♦5		♥5		♣J	♦9		♦J
	♣J					♥K	♠4
♥6			♦3		♣2		♣10
		♠2		♣10		♣9	♦6
	♥4	♠Q		♥A		♠A	♦2
♠6		♥Q	♠7		♠A		♣3
♣8	♣K		♥7		♦K		♥9
♦8		♠K		♦10	♣3		
	♥8			♣4			♣9

學習單引導

寶藏圖

❶學用版（學生筆記）。

❷抄寫流程。

❸學習單引導，將八張牌逐一進行分析討論。

❹教用版紅色字為學用版空格參考解答。

寶藏圖 學習單

（教師用版）

一、首先，將每張牌的移動方向和單位整理如下，並觀察看看有什麼發現！

	黑桃A	黑桃3	紅心A	紅心4	梅花2	梅花5	方塊2	方塊A
方向	↑	↑	→	→	↓	↓	←	←
單位	1	3	1	4	2	5	2	1
顏色控制的分類								
紅色牌控制 x 軸（左右移動），黑色牌控制 y 軸（上下移動）								

二、接著，假設起點為原點（0，0），依照觀眾選到的牌進行分析討論：

選到	剩下7張牌							終點
黑桃 A	黑桃3	紅心A	紅心4	梅花2	梅花5	方塊2	方塊A	(2，-4)
	↑3	→1	→4	↓2	↓5	←2	←1	
	紅色：1+4-2-1=+2							
	黑色：3-2-5=-4							
黑桃 3	黑桃A	紅心A	紅心4	梅花2	梅花5	方塊2	方塊A	(2，-6)
	↑1	→1	→4	↓2	↓5	←2	←1	
	紅色：1+4-2-1=+2							
	黑色：1-2-5=-6							
紅心 A	黑桃A	黑桃3	紅心4	梅花2	梅花5	方塊2	方塊A	(1，-3)
	↑1	↑3	→4	↓2	↓5	←2	←1	
	紅色：4-2-1=1							
	黑色：1+3-2-5=-3							
紅心 4	黑桃A	黑桃3	紅心A	梅花2	梅花5	方塊2	方塊A	(-2，-3)
	↑1	↑3	→1	↓2	↓5	←2	←1	
	紅色：1-2-1=-2							
	黑色：1+3-2-5=-3							

（續上頁）

選到	剩下7張牌							終點
梅花 2	黑桃A	黑桃3	紅心A	紅心4	梅花5	方塊2	方塊A	(2，-1)
	↑1	↑3	→1	→4	↓5	←2	←1	
	紅色：1+4-2-1=2							
	黑色：1+3-5=-1							
梅花 5	黑桃A	黑桃3	紅心A	紅心4	梅花2	方塊2	方塊A	(2，2)
	↑1	↑3	→1	→4	↓2	←2	←1	
	紅色：1+4-2-1=2							
	黑色：1+3-2=2							
方塊 2	黑桃A	黑桃3	紅心A	紅心4	梅花2	梅花5	方塊A	(4，-3)
	↑1	↑3	→1	→4	↓2	↓5	←1	
	紅色：1+4-1=4							
	黑色：1+3-2-5=-3							
方塊 A	黑桃A	黑桃3	紅心A	紅心4	梅花2	梅花5	方塊2	(3，-3)
	↑1	↑3	→1	→4	↓2	↓5	←2	
	紅色：1+4-2=3							
	黑色：1+3-2-5=-3							

三、魔數祕密：

❶ 起點是原點(0，0)，每張牌的順序不影響終點的結果。

❷ 八張牌移動後的終點坐標為(2，-3)，每拿掉一張牌就是少移動一步。

❸ 因此我們可以利用坐標反推算的方式，找出選到的牌安排的位置，如下表：

（其他坐標位置，填上八張牌以外的數字和花色，就可完成寶藏圖）

選到	方向	運算	反推	安排的位置
黑桃A	↑1	y坐標+1	y坐標-1	(2，-3-1)=(2，-4)
黑桃3	↑3	y坐標+3	y坐標-3	(2，-3-3)=(2，-6)
紅心A	→1	x坐標+1	x坐標-1	(2-1，-3)=(1，-3)
紅心4	→4	x坐標+4	x坐標-4	(2-4，-3)=(-2，-3)
梅花2	↓2	y坐標-2	y坐標+2	(2，-3+2)=(2，-1)
梅花5	↓5	y坐標-5	y坐標+5	(2，-3+5)=(2，2)
方塊2	←2	x坐標-2	x坐標+2	(2+2，-3)=(4，-3)
方塊A	←1	x坐標-1	x坐標+1	(2+1，-3)=(3，-3)

確認選到的牌安排在寶藏圖的位置是否正確。
（此頁可選擇性使用，或使用操作模板進行確認）

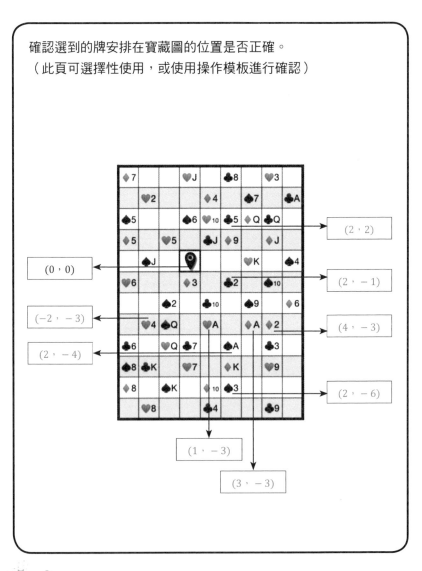

寶藏圖 觸類旁通 （教師用版）

編號	題目
1	如右圖，若出發點坐標為 (0，0)，依照下方四個方向移動後，坐標落在哪裡？ (3，1) 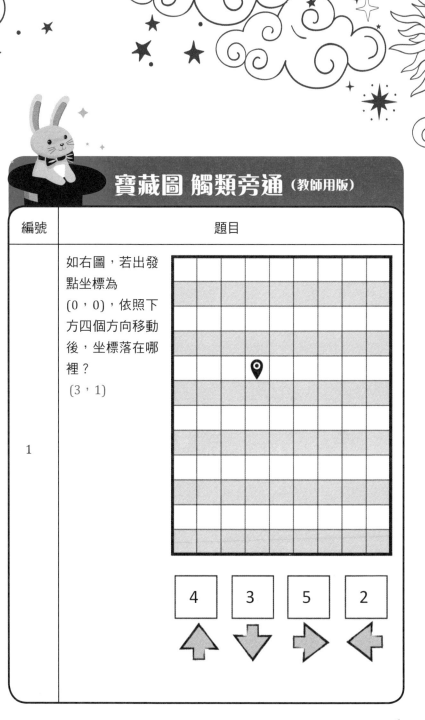

（續上頁）

編號	題目
2	本單元的魔數遊戲，黑桃的卡片總和不可能大於多少？為什麼？ 因為離原點（起點）的位置，在地圖上向上極限只有四格，如果黑桃總和大於4，一開始若打開兩張黑桃，就會出格於地圖之外。因此，黑桃牌的點數不會大於4。

寶藏圖 操作流程

(學生筆記)

班級＿＿＿＿＿座號＿＿＿＿＿

姓名＿＿＿＿＿＿＿＿＿＿＿＿＿

準備		
	口語表達	操作細節
流程		

寶藏圖 學習單

班級_____座號_____
姓名_____

一、首先，將每張牌的移動方向和單位整理如下，並觀察看看有什麼發現！

	黑桃A	黑桃3	紅心A	紅心4	梅花2	梅花5	方塊2	方塊A
方向								
單位								
顏色控制的分類								

紅色牌控制_____，黑色牌控制_____

二、接著,假設起點為原點(0,0),依照觀眾選到的牌進行分析討論:

選到	剩下7張牌							終點
黑桃 A	黑桃3	紅心A	紅心4	梅花2	梅花5	方塊2	方塊A	(2,-4)
	↑3	→1	→4	↓2	↓5	←2	←1	
	紅色:1+4-2-1=+2							
	黑色:3-2-5=-4							
黑桃 3	黑桃A	紅心A	紅心4	梅花2	梅花5	方塊2	方塊A	
	紅色:							
	黑色:							
紅心 A	黑桃A	黑桃3	紅心4	梅花2	梅花5	方塊2	方塊A	
	紅色:							
	黑色:							
紅心 4	黑桃A	黑桃3	紅心A	梅花2	梅花5	方塊2	方塊A	
	紅色:							
	黑色:							

（續上頁）

選到	剩下7張牌							終點
梅花 2	黑桃A	黑桃3	紅心A	紅心4	梅花5	方塊2	方塊A	
	紅色：							
	黑色：							
梅花 5	黑桃A	黑桃3	紅心A	紅心4	梅花2	方塊2	方塊A	
	紅色：							
	黑色：							
方塊 2	黑桃A	黑桃3	紅心A	紅心4	梅花2	梅花5	方塊A	
	紅色：							
	黑色：							
方塊 A	黑桃A	黑桃3	紅心A	紅心4	梅花2	梅花5	方塊2	
	紅色：							
	黑色：							

三、魔數祕密：

❶ 起點是原點(0，0)，每張牌的_____不影響終點的結果。

❷ 八張牌移動後的終點坐標為_____，每拿掉一張牌就是
_____。

❸ 因此我們可以利用_____，找出選到的牌安
排的位置，如下表：

（其他坐標位置，填上八張牌以外的數字和花色，就可完成寶藏圖）

選到	方向	運算	反推	安排的位置
黑桃A		y 坐標____	y 坐標____	
黑桃3		y 坐標____	y 坐標____	
紅心A		x 坐標____	x 坐標____	
紅心4		x 坐標____	x 坐標____	
梅花2		y 坐標____	y 坐標____	
梅花5		y 坐標____	y 坐標____	
方塊2		x 坐標____	x 坐標____	
方塊A		x 坐標____	x 坐標____	

確認選到的牌安排在寶藏圖的位置是否正確。
（此頁可選擇性使用，或使用操作模板進行確認）

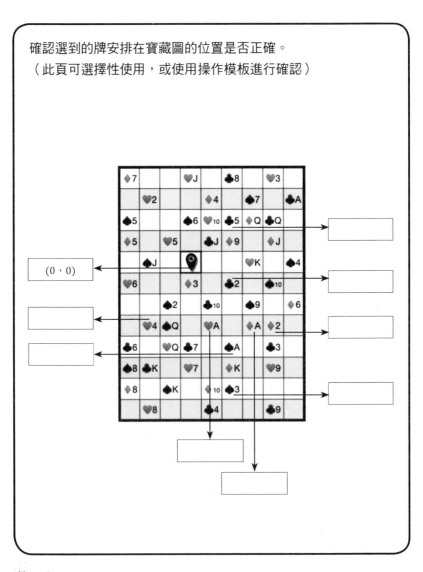

編號	題目
1	如右圖，若出發點坐標為 $(0，0)$，依照下方四個方向移動後，坐標落在哪裡？

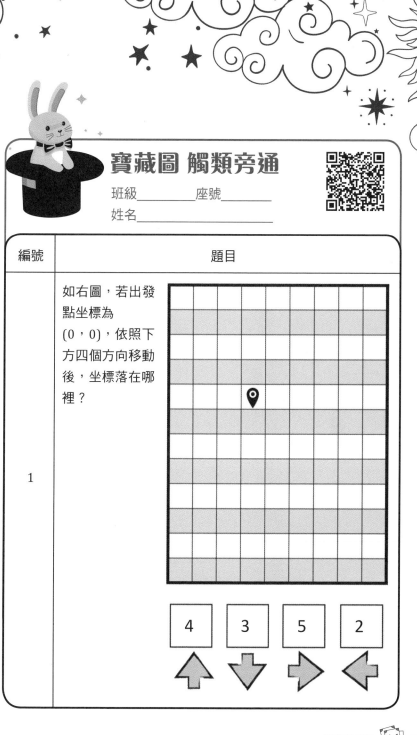

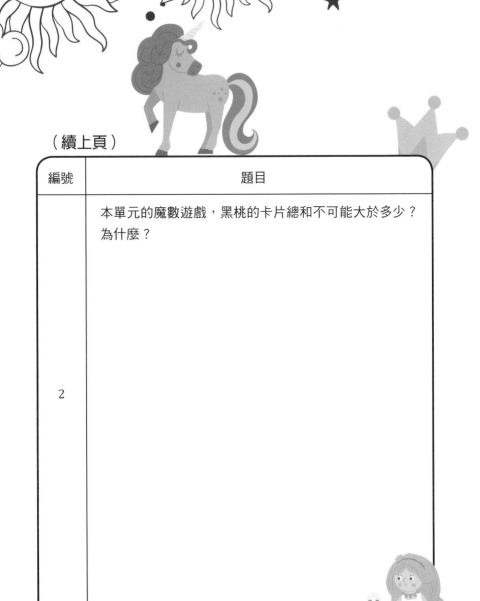

（續上頁）

編號	題目
2	本單元的魔數遊戲，黑桃的卡片總和不可能大於多少？為什麼？

寶藏圖 操作模板

魔數師：＿＿＿＿＿＿＿＿

觀眾：＿＿＿＿＿＿＿＿

寶藏圖上的標記點是起點，從起點開始，依照撲克牌的點數，做方向的移動。

♦7		♥J		♣8		♥3
	♥2		♦4		♣7	♣A
♠5		♠6	♥10	♣5	♦Q	♣Q
♦5	♥5		♣J	♦9		♦J
	♠J	📍			♥K	♠4
♥6		♦3		♣2		♣10
		♠2	♣10		♠9	♦6
	♥4	♠Q		♥A	♦A	♦2
♣6		♥Q	♣7	♠A		♣3
♠8	♣K		♥7	♦K		♥9
♦8		♠K		♦10	♠3	
	♥8			♣4		♣9

Part 3

星座感應

老闆娘年老了，在這家中式餐館裡充滿回憶，老公和她辛苦大半輩子都是在這間店，當時的拌嘴、恩愛都歷歷在目……

因為戰亂移民到南洋的華人並不好過，以前擔任廚師的老公與她兩人相依為命，照顧不少孤苦無依的移民，他的老公已經離開快半年了，老闆娘索性把餐館賣了，今天是老闆娘最後一天為大家服務，一些舊雨新知知道了都很捨不得，今天為他辦個歡送會，其中一個小夥子打扮體面但不是熟面孔，現場一半華人、一半馬來人，

唱歌、送禮，感謝老闆娘當時在拮据的生活中，暖心的為大家留下一口飯吃。

　　小夥子拿出一個禮物盒，打開後是一支金筆，上面還鑲著碎鑽，肯定**價值不菲**，老闆娘說不認識這個小夥子，不敢收這禮物。這個男人跪在地上，雙手把筆奉上說：「阿姨，當年我在這三餐溫飽受到照顧，沒有半毛錢的我，在初中畢業時，您送了我一支鋼筆，鋼筆上面還有我的星座，您怕我不收，告訴我上面星座是為我訂做的，要我好好讀書，翻轉我的人生。這件事我好感動一直放在心中，因為您只是和我玩一個小遊戲，就猜出了我的星座，還為我準備這樣的禮物，後來隨著父親顛沛流離的生活搬到北方，您的恩情我一直記在心中，我聽說您要退休了，特別來看您及

感謝您的。」

　　老闆娘非常感動，趕緊扶他起來，摸摸他的頭說，水瓶座的小帥哥，我記得你‧‧‧‧‧

老師小語

人生中總有許多幫助過我們的貴人，對於別人的心意加點專屬，更令人感受到難忘的真摯，你們想知道如何透過小遊戲，知道對方的星座嗎？

小叮嚀

價值不菲：「菲」發三聲「ㄈㄟˇ」，意思是微薄，因發音三聲常見寫錯成「斐」。

學生討論

老闆娘人緣這麼好，是因為善良、為人著想、貼心客製化禮物？

本篇效果

讀出觀眾的心，猜中星座的讀心數。

108課綱學習內容

數學領域：D-1-1 簡單分類。

綜合領域：Cb-III-1 對周遭人事物的關懷、Cb-III-3 感恩、利他情懷。

星座感應

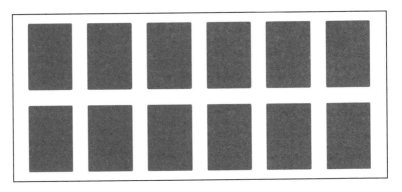

（圖一）

觀眾 星座	
星座 1	星座 2
星座 3	星座 4

（圖二）

（圖三）

老闆娘和小夥子回憶著當時的星座遊戲。

老闆娘：「這裡有十二張星座卡，請你找出自己的星座卡，接著從這張星座卡中的下方四個星座中，選出三個星座。」（圖一）、（圖二）

小夥子：「我選好了。」（圖三）

老闆娘：「你的星座和選出的三個星座，一共有四個星座，請你將這四個星座任意排序，並唸出來。」

小夥子：「獅子、金牛、水瓶、牡羊。」

老闆娘：「我知道了，你是水瓶座！」

小夥子：「老闆娘你真厲害耶！竟然猜出我的星座！」

星座感應 操作流程（教師用版）

空白名片紙12張，在名片紙上寫上如下星座卡：

準備

水瓶

獅子	金牛
天蠍	牡羊

雙魚

天秤	雙子
處女	魔羯

牡羊

射手	水瓶
雙子	處女

金牛

魔羯	天秤
水瓶	射手

雙子

巨蟹	牡羊
雙魚	獅子

巨蟹

水瓶	處女
射手	雙子

獅子

處女	魔羯
天秤	水瓶

處女

牡羊	巨蟹
獅子	天蠍

天秤

雙魚	天蠍
金牛	巨蟹

天蠍

雙子	射手
魔羯	天秤

射手

金牛	獅子
巨蟹	雙魚

魔羯

天蠍	雙魚
牡羊	金牛

	口語表達	操作細節
流程	魔數師：請你拿出自己的星座卡，再從星座卡中選出三個星座。 觀眾：選好了。 魔數師：告訴我選出的三個星座和自己的星座，總共有四個星座，念出來的時候四個星座可以隨機排列。 觀眾：處女、獅子、魔羯、天秤。 魔數師：你的星座是獅子座！	魔數師把星座卡交給觀眾後可先讓觀眾洗牌，增加隨機感，接著請觀眾把星座卡朝向自己，觀眾找出自己的星座卡後將其放到第一張，魔數師無法知道觀眾取哪一張。

學習單引導

星座感應

❶學用版（學生筆記）。

❷製作星座卡、抄寫流程。

❸學習單引導，找到與眾不同的星座。

❹查看卡片與學習單，發現分類方式。

❺教用版紅色字為學用版空格參考解答。

星座感應 學習單
（教師用版）

一、以下為十二位觀眾的紀錄，如觀眾1念出的星座為「處女、獅子、魔羯、天秤」，魔術師可猜出觀眾1的星座為獅子座，已知前四位觀眾的星座，想想看其他觀眾的星座。（提示：念出來的時候可以隨機排列，表示順序不影響結果）

觀眾	試著圈出觀眾星座			正確答案
1	處女	獅子	魔羯	天秤	獅子
2	射手	巨蟹	金牛	獅子	射手
3	天蠍	金牛	雙魚	魔羯	魔羯
4	金牛	魔羯	天秤	水瓶	金牛
5	天秤	天蠍	雙魚	金牛	天秤
6	獅子	金牛	水瓶	天蠍	水瓶
7	魔羯	天秤	天蠍	雙子	天蠍
8	巨蟹	雙子	牡羊	獅子	雙子
9	天秤	雙魚	處女	魔羯	雙魚
10	雙子	水瓶	巨蟹	射手	巨蟹
11	水瓶	處女	雙子	牡羊	牡羊
12	牡羊	巨蟹	天蠍	處女	處女

二、接著，將星座卡整理成表後分析討論：

觀眾	可選擇的星座（用■標出動物）				觀眾的星座
1	□處女座	□魔羯座	□天秤座	□水瓶座	■獅子
2	■金牛座	■獅子座	■巨蟹座	■雙魚座	□射手
3	■天蠍座	■雙魚座	■牡羊座	■金牛座	□魔羯
4	□魔羯座	□天秤座	□水瓶座	□射手座	■金牛
5	■雙魚座	■天蠍座	■金牛座	■巨蟹座	□天秤
6	■獅子座	■金牛座	■天蠍座	■牡羊座	□水瓶
7	□雙子座	□射手座	□魔羯座	□天秤座	■天蠍
8	■巨蟹座	■牡羊座	■雙魚座	■獅子座	□雙子
9	□天秤座	□雙子座	□處女座	□魔羯座	■雙魚
10	□水瓶座	□處女座	□射手座	□雙子座	■巨蟹
11	□射手座	□水瓶座	□雙子座	□處女座	■牡羊
12	■牡羊座	■巨蟹座	■獅子座	■天蠍座	□處女

三、魔數祕密：

動 物：雙魚、牡羊、巨蟹、金牛、獅子、天蠍
非動物：摩羯、水瓶、雙子、處女、天秤、射手

■代表動物，標示完之後有沒有什麼發現？
「一個動物＋四個非動物」或「一個非動物＋四個動物」

四、魔數祕密補充：（教師視學生理解狀態補充）

觀眾的星座卡上已經做好分類，如觀眾1念出的星座為「處女、獅子、魔羯、天秤」，魔數師可猜出觀眾1的星座為獅子座，因為只有獅子座的分類為「動物」，其他三個星座的分類為「非動物」，其餘星座卡製做原理以此類推。

觀眾	分類	可選擇的3個星座（✔ 標出）				分類
獅子座	動物	✔處女座	✔魔羯座	✔天秤座	□水瓶座	非動物
射手座	非動物	✔金牛座	✔獅子座	✔巨蟹座	□雙魚座	動物
魔羯座	非動物	✔天蠍座	✔雙魚座	□牡羊座	✔金牛座	動物
金牛座	動物	✔魔羯座	✔天秤座	✔水瓶座	□射手座	非動物
天秤座	非動物	✔雙魚座	✔天蠍座	✔金牛座	□巨蟹座	動物
水瓶座	非動物	✔獅子座	✔金牛座	✔天蠍座	□牡羊座	動物
天蠍座	動物	✔雙子座	□射手座	✔魔羯座	✔天秤座	非動物
雙子座	非動物	✔巨蟹座	✔牡羊座	□雙魚座	✔獅子座	動物
雙魚座	動物	✔天秤座	□雙子座	✔處女座	✔魔羯座	非動物
巨蟹座	動物	✔水瓶座	□處女座	✔射手座	✔雙子座	非動物
牡羊座	動物	□射手座	✔水瓶座	✔雙子座	✔處女座	非動物
處女座	非動物	✔牡羊座	✔巨蟹座	□獅子座	✔天蠍座	動物

五、星座卡製做模板說明：

每張星座卡皆為：「一個動物＋四個非動物」或「一個非動物＋四個動物」。

♒ 水瓶	♓ 雙魚	♈ 牡羊	♉ 金牛

♊ 雙子	♋ 巨蟹	♌ 獅子	♍ 處女

♎ 天秤	♏ 天蠍	♐ 射手	♑ 魔羯

星座感應 觸類旁通 (教師用版)

分類的識別從小就能建立，隨著知識點與學習的範圍變大，分類可能有其主觀的意識辨別，只要言之有理都給予最佳讚賞。

格格不入選邊站：

編號	題目	思考過程	答案
1	A組：1,3,5,7,9 B組：0,2,4,6,8 19加入哪一組？	A組是奇數 B組是偶數 19是奇數	加入A組
2	A組：2,3,5,7,11 B組：4,9,15,27 19加入哪一組？	A組是質數 B組是合數 19是質數	加入A組
3	A組：3,6,9,12,15 B組：4,8,17,20 19加入哪一組？	A組是3的倍數 B組不是3倍數 19不是3倍數	加入B組
4	A組：1,4,9,25,49 B組：14,19,32,55 16加入哪一組？	A組是完全平方數 B組不是完全平方數 16是完全平方數	加入A組
5	A組：8,27,64,125,216 B組：3,9,81,99,123 89加入哪一組？	A組是立方數 B組不是立方數 89不是立方數	加入B組

星座感應 操作流程

(學生筆記)

班級＿＿＿＿＿＿座號＿＿＿＿＿＿

姓名＿＿＿＿＿＿＿＿＿＿＿＿＿

準備	
	口語表達 ／ 操作細節
流程	

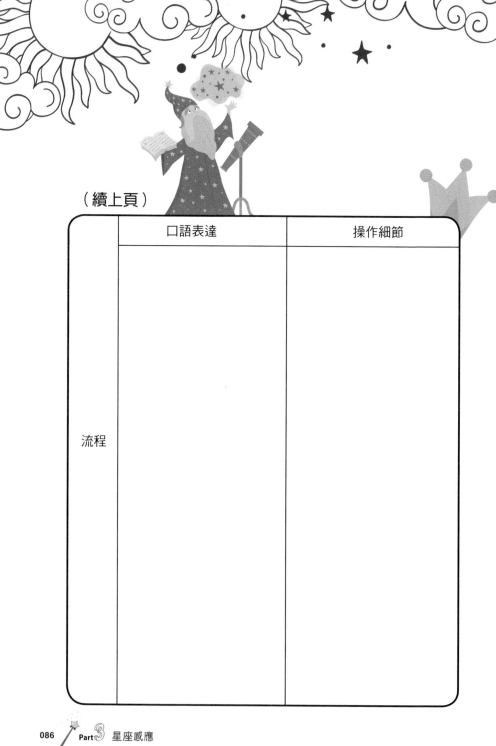

（續上頁）

流程	口語表達	操作細節

星座感應 學習單

班級_____座號_____

姓名_____

一、以下為十二位觀眾的紀錄，如觀眾1念出的星座為「處女、獅子、魔羯、天秤」，魔術師可猜出觀眾1的星座為「獅子座」，已知前四位觀眾的星座，想想看其他觀眾的星座。（提示：念出來的時候可以隨機排列，表示順序不影響結果）做完所有學習單再回頭檢視該頁填寫答案。

觀眾	試著圈出觀眾星座			老師公佈答案
1	處女	獅子	魔羯	天秤	
2	射手	巨蟹	金牛	獅子	
3	天蠍	金牛	雙魚	魔羯	
4	金牛	魔羯	天秤	水瓶	
5	天秤	天蠍	雙魚	金牛	
6	獅子	金牛	水瓶	天蠍	
7	魔羯	天秤	天蠍	雙子	
8	巨蟹	雙子	牡羊	獅子	
9	天秤	雙魚	處女	魔羯	
10	雙子	水瓶	巨蟹	射手	
11	水瓶	處女	雙子	牡羊	
12	牡羊	巨蟹	天蠍	處女	

二、接著，將星座卡整理成表後分析討論：

觀眾	可選擇的星座（用■標出動物）				觀眾的星座
1	□處女座	□魔羯座	□天秤座	□水瓶座	□獅子
2	□金牛座	□獅子座	□巨蟹座	□雙魚座	□射手
3	□天蠍座	□雙魚座	□牡羊座	□金牛座	□魔羯
4	□魔羯座	□天秤座	□水瓶座	□射手座	□金牛
5	□雙魚座	□天蠍座	□金牛座	□巨蟹座	□天秤
6	□獅子座	□金牛座	□天蠍座	□牡羊座	□水瓶
7	□雙子座	□射手座	□魔羯座	□天秤座	□天蠍
8	□巨蟹座	□牡羊座	□雙魚座	□獅子座	□雙子
9	□天秤座	□雙子座	□處女座	□魔羯座	□雙魚
10	□水瓶座	□處女座	□射手座	□雙子座	□巨蟹
11	□射手座	□水瓶座	□雙子座	□處女座	□牡羊
12	□牡羊座	□巨蟹座	□獅子座	□天蠍座	□處女

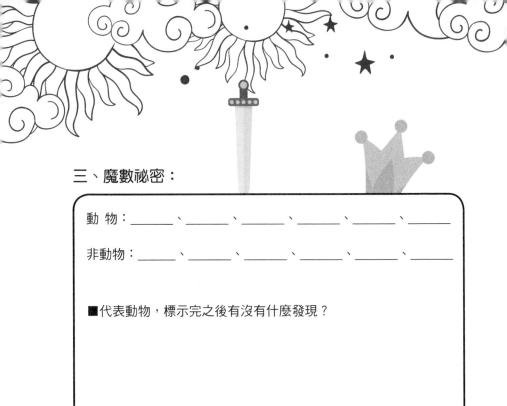

三、魔數祕密：

動　物：_____、_____、_____、_____、_____、_____

非動物：_____、_____、_____、_____、_____、_____

■代表動物，標示完之後有沒有什麼發現？

星座感應 觸類旁通

班級_____座號_____

姓名_____

分類的識別從小就能建立，隨著知識點與學習的範圍變大，分類可能有其主觀的意識辨別，只要言之有理都給予最佳讚賞。

格格不入選邊站：

編號	題目	思考過程	答案
1	A組：1,3,5,7,9 B組：0,2,4,6,8 19加入哪一組？		
2	A組：2,3,5,7,11 B組：4,9,15,27 19加入哪一組？		
3	A組：3,6,9,12,15 B組：4,8 ,17,20 19加入哪一組？		
4	A組：1,4,9,25,49 B組：14,19,32,55 16加入哪一組？		
5	A組：8,27,64,125,216 B組：3,9,81,99,123 89加入哪一組？		

星座卡
製作範例參考

♒ 水瓶	♓ 雙魚	♈ 牡羊	♉ 金牛
♌ 獅子	♉ 金牛	♎ 天秤	♊ 雙子	♐ 射手	♒ 水瓶	♑ 魔羯	♎ 天秤
♏ 天蠍	♈ 牡羊	♍ 處女	♑ 魔羯	♊ 雙子	♍ 處女	♒ 水瓶	♐ 射手

♊ 雙子	♋ 巨蟹	♌ 獅子	♍ 處女
♋ 巨蟹	♈ 牡羊	♒ 水瓶	♍ 處女	♍ 處女	♑ 魔羯	♈ 牡羊	♋ 巨蟹
♓ 雙魚	♌ 獅子	♐ 射手	♊ 雙子	♎ 天秤	♒ 水瓶	♌ 獅子	♏ 天蠍

♎ 天秤	♏ 天蠍	♐ 射手	♑ 魔羯
♓ 雙魚	♏ 天蠍	♊ 雙子	♐ 射手	♉ 金牛	♌ 獅子	♏ 天蠍	♓ 雙魚
♉ 金牛	♋ 巨蟹	♑ 魔羯	♎ 天秤	♋ 巨蟹	♓ 雙魚	♈ 牡羊	♉ 金牛

（可列印後黏貼）

星座卡
製作模板

| ♒︎ 水瓶 | ♓︎ 雙魚 | ♈︎ 牡羊 | ♉︎ 金牛 |

| ♊︎ 雙子 | ♋︎ 巨蟹 | ♌︎ 獅子 | ♍︎ 處女 |

| ♎︎ 天秤 | ♏︎ 天蠍 | ♐︎ 射手 | ♑︎ 魔羯 |

（列印後，可剪貼在撲克牌或是空白名片卡上）

Part 4

九宮定位

一天，森林裡的獅王帶著幹部們視察森林，期間，獅王心血來潮，舉辦了馬拉松越野賽，所有動物幹部在獅王的帶領下，參與這場馬拉松越野競賽。但是森林的範圍廣大，獅王告訴他們，平安回家是最重要的。每種動物特性都不同，獅王希望藉由這次比賽，看看動物幹部們面對挑戰時的態度，也在危險的叢林法則中，看看動物幹部們求生的能力，順便視察森林的每一個角落。

動物們紛紛準備好出發，監控護衛隊的隊長老鷹，一下子就通過森林，站在高峰

上，傲視其他動物幹部，在那地方驕傲地站著，接受大家的掌聲。

黑豹一路奔跑，如閃電般的速度勇往直前，在這過程中差點陷入獵人陷阱，甚至不小心掉入泥沼，雖然最後登上高峰，但是卻狼狽不堪。

猴子騎在老虎背上，並一路上摘果子，用樹葉接水，讓老虎補充體力，正當要達目的地時，猴子想跳到前面搶下第三名，卻被老虎一口吞了。

在動物們紛紛抵達後，獅王宣布，這次的比賽冠軍是長頸鹿！大家對於獅王的決定**議論紛紛**。

獅王說：「沒有人問我比賽條件是什麼？而身為幹部的你們，有沒有想過這

次幹部的視察，目的是什麼？是第一的速度到達高峰嗎？」

獅王說：「最可惜的是猴王，雖然他有小聰明，騎在老虎背上以逸待勞，服侍著虎王，但是伴君如伴虎，沒有想過自己的特質與虎王的本質，最後拍馬屁了一路，在終點時卻被虎王吃了。而長頸鹿自知比不上其他幹部的速度，她在各個叉路留下記號來定位，把自己的經驗分享給其他幹部，為其他人著想，也等同幫我標記了此次巡邏過的路線，這場比賽的價值原本就是來自幹部考察，這樣大家知道為什麼是長頸鹿第一名了吧！」

社會上有太多的「猴子」，但是人類的社會結構價值，是遠望高瞻的洞見與目標，所以長頸鹿的作為與態度才是最珍貴的。

引用作者莊惟棟《魔數術學》一書第14篇

小叮嚀

議論紛紛：意見不一、眾人的意見很多。

學生討論

明白自己的優勢與劣勢，把握機會與時間做出最大的貢獻，創造自己的價值比爭奪名利重要。

本篇效果

九宮格上的移動，就像被衛星定位一樣，走著走著，就被魔數師給完美的預言了。

108課綱學習內容

數學領域：R-4-4 數量模式與推理（II）。

綜合領域：Bb-III-1 團體中的角色探索。

九宮定位

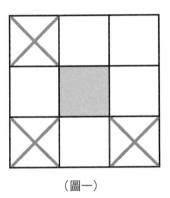

（圖一）

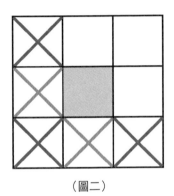

（圖二）

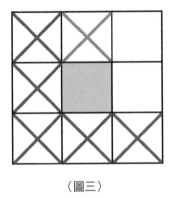

（圖三）

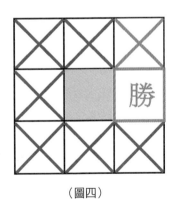

勝

（圖四）

獅王繼續說著自己如何進行這場馬拉松越野賽。

獅王：「我把森林劃分成九個區域，大家從中間出發，只能鄰格移動，雖然大家的速度不同，但我設定大家移動5步後，會有三個區域被我刪除。」（圖一）

獅王：「接著，大家又移動5步後，會有二個區域被我刪除。」（圖二）

獅王：「大家再移動4步後，會有一個區域被我刪除。」（圖三）

獅王：「最後，大家再移動3步後，只會剩一個區域被我留下。」（圖四）

九宮定位 操作流程 （教師用版）

準備	準備好九宮格，填入各種不同的元素（可依照主題需求自行更換）。 | 公園 野餐	密室 逃脫	逛夜市
餐廳 聚餐	學校 玩桌遊	山上 烤肉
KTV	看電影	同學家	

	口語表達	操作細節
流程	魔數師：請想像自己站在中央的位置（學校玩桌遊），然後以上下左右的方式移動5步，但是禁止斜走或是跳著走。 觀眾：好了，已經走了5步。	提醒觀眾只能鄰格移動，可以來回移動，但不能原地跳，這樣不算1步。

（續上頁）

	口語表達	操作細節
流程	魔數師：我猜測這幾個位置沒有人在，如果有，我們就重新一次，要尊重所有人的決定。我感應到公園野餐、ＫＴＶ、同學家沒有人在，我把它們消失。（圖一） 魔數師：接下來再走5步，並劃掉二格。（圖二） 觀眾：好了。 魔數師：接下來再走4步，並劃掉一格。（圖三） 觀眾：好了。 魔數師：最後走3步，大家一定停在○的位置。（圖四）	圖一 圖二 圖三 圖四

九宮定位

❶學用版（學生筆記）。

❷抄寫流程。

❸學習單引導，先認識奇偶數的組合，接著將九宮格用數字表達，再分析討論。

❹教用版紅色字為學用版空格參考解答。

九宮定位 學習單

（教師用版）

一、先認識奇偶數的組合：

選到	選到		
偶數＋奇數＝奇數	❶ 0+7=7	❷ 6+3=9	❸ 12+13=25
偶數＋偶數＝偶數	❶ 0+6=6	❷ 2+8=10	❸ 16+18=34
奇數＋偶數＝奇數	❶ 1+2=3	❷ 7+6=13	❸ 15+16=31
奇數＋奇數＝偶數	❶ 1+3=4	❷ 5+9=14	❸ 11+15=26

二、接著，我們將走的步數在九宮格中用奇偶數的性質來表達，並分析討論：

步驟	九宮格	起點	走步數	停在哪	刪除／終點
第一步驟	偶 奇 偶 奇 偶 奇 偶 奇 偶	偶數 0	5	奇數 0+5=5	三個偶數的格子（一定沒人選到偶數）
第二步驟	奇 偶 奇 偶 奇 　 奇	奇數 5	5	偶數 5+5=10	二個奇數的格子（一定沒人選到奇數）
第三步驟	奇 偶 　 偶 奇 	偶數 10	4	偶數 10+4=14	一個奇數的格子（刪除中間上方奇數）
第四步驟	偶 　 偶 奇 	偶數 14	3	奇數 14+3=17	最後一定停在中間右邊唯一剩下的奇數。

三、魔數祕密：

九宮格相鄰的二個格子，奇偶數性質不同。

九宮定位 觸類旁通（教師用版）

奇偶數的特性，能引人入勝，得到特別的思考，接下來兩題動腦挑戰題，讓大家對於奇偶數在運算時，有更深刻的體會喔！

編號	題目
1	如右圖，請拿出3顆球排出和為17的結果。  ❶17是奇數 三顆球數字排列必為（奇＋奇＋奇）或是（偶＋偶＋奇） ❷撞球9號以上的數字是雙色，單色是小於9 因此左下角那顆球其實是6，不是9 分類整理，奇數有：3、15，偶數有：6、8、10、12 ❸奇數球只有二顆，所以不可能有（奇＋奇＋奇）的組合 ❹符合（偶＋偶＋奇=17）的組合，選6+8+3=17

（續上頁）

編號	題目
2	如右圖，正立方體的三個面上分別有三個數46、70、91，這三個數的對面都是質數，且分別將這三個數和對面的數相加，總和皆相同，請求出這三個數的對面分別數字是多少？  ❶因為總和皆相同，所以必為（偶＋奇）或是（奇＋偶） ❷因為46、70都是偶數，而91是奇數，三個數的對面都是質數 所以46+奇數=70+奇數=91+偶數＝奇數 ❸質數中唯一的偶數是2，因此91的對面必定是2， 91+2＝93 46對面的質數=93-46=47，70對面的質數=93-70=23

九宮定位 操作流程
(學生筆記)

班級_____座號_____

姓名_____

準備		
	口語表達	操作細節
流程		

九宮定位 學習單

一、先認識奇偶數的組合：

選到	選到		
偶數＋奇數＝	❶ 0+7=7	❷	❸
偶數＋偶數＝	❶ 0+6=6	❷	❸
奇數＋偶數＝	❶ 1+2=3	❷	❸
奇數＋奇數＝	❶ 1+3=4	❷	❸

二、接著，我們將走的步數在九宮格中用奇偶數的性質來表達，並分析討論：

步驟	九宮格	起點	走步數	停在哪	刪除／終點
第一步驟					
第二步驟					
第三步驟					
第四步驟					

三、魔數祕密：

九宮定位 觸類旁通

班級_____座號_____
姓名_____

奇偶數的特性，能引人入勝，得到特別的思考，接下來兩題動腦挑戰題，讓大家對於奇偶數在運算時，有更深刻的體會喔！

編號	題目
1	如右圖，請拿出3顆球排出和為17的結果。

（續上頁）

編號	題目
2	如右圖，正立方體的三個面上分別有三個數46、70、91，這三個數的對面都是質數，且分別將這三個數和對面的數相加，總和皆相同，請求出這三個數的對面分別數字是多少？

九宮定位 操作模板

魔數師：＿＿＿＿＿＿＿＿＿＿＿＿

觀眾：＿＿＿＿＿＿＿＿＿＿＿＿

❶首先，想像自己站在中央的位置，然後以上下左右的方式移動5步，但是禁止斜走或是跳著走，只能鄰格移動。

❷我感應到有些格子沒有人在，我把它們消失。

❸接著，再走5步，並劃掉二格。

❹接著，再走4步，並劃掉一格。

❺最後，走3步，大家一定停在相同的位置。

（九宮格）

時鐘預言

有一個小孩，認為自己時間是最多的，不需要努力，不需要學習，反正時間多的是。他不喜歡背書、背單字，也不喜歡算數學、學習新知，這樣**玩歲愒日**的生活，在他長大後必定成了沒有能力的人，因為該累積的時候，都錯過了。

掌管時間的時間之神見他如此浪費時間，決定給他一個懲罰，這個小孩發現自己被鎖在一個時間之內，不論什麼樣的生活，一早醒來，到了凌晨一點又會重置原來的一天，起初他覺得很有趣，越到後面

越覺得可怕，因為就像被囚禁一樣，永遠被鎖在這個時空，漸漸的，這個詛咒令他瀕臨崩潰。

　　孩子無能為力改變，時間之神提示他，學習吧，好好利用時間，每個時間都有個學習進度，你通過了，後面的時間將還給你使用，首先，先學會這個時刻預言，就能解開這個詛咒。

老師小語

學習知識不是為了別人，是可以讓自己見識更美妙的世界。

小叮嚀
玩歲愒日：貪圖安逸、虛度光陰。

學生討論
有一句話，叫做「時間最公平」。不論什麼人一天都是24小時，時間花在哪裡，成就就在哪裡，是不變的定律。

本篇效果
觀眾想像約會的時刻（整點），想幾點鐘就拿下去幾張牌，最後魔數師把牌排成一個時鐘，簽上魔術師名字的牌就出現在觀眾心裡想的時刻上，完美相約。

108課綱學習內容
數學領域：R-4-4 數量模式與推理（II）、A-7-3 一元一次方程式的解法與應用。

綜合領域：Ab-III-1 學習計畫的規劃與執行。

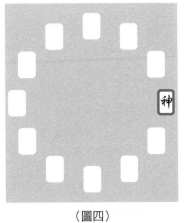 **魔數效果**

時鐘預言

（圖一）

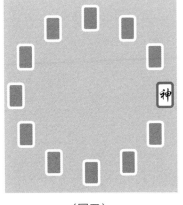

（圖二）

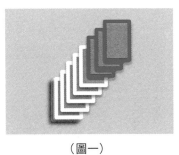

（圖三）

（圖四）

時間之神：「請你在12小時制中，想一個整點的時刻，不要告訴我。」

小孩：「我想好了。」（假設想的是下午3點）

時間之神：「這裡有一副撲克牌，你選幾點，就從上方拿取幾張牌，並將這些牌放到整副牌的底部。」（圖一）、（圖二）

時間之神：「接著，我用這副牌，排成一個時鐘，請你打開你剛剛所想的時刻位置。」（圖三）

小孩：「哇！竟然是時間之神您的簽名耶！該不會這12張都有您的簽名嗎？」

時間之神：「你可以打開所有的牌檢查看看。」

小孩：「只有我想的下午3點這張是時間之神您的簽名耶！」（圖四）

時間之神：「因為我早就預知你會選到3點了！現在我要教會你這個魔法，用這個時刻魔法破除你身上的時間詛咒。」

時鐘預言 操作流程 （教師用版）

準備	將簽好名字的牌放在由上往下數的第13張。	
	口語表達	操作細節
流程	魔數師：心裡想一個整點約會的時刻，把撲克牌放到背後，想幾點就把撲克牌從上方拿幾張到底牌。 觀眾：好了。 （假設是下午3點） 魔數師：我把它排成一個時鐘，你想和我約幾點？ 觀眾：我想和你約下午3點。 魔數師：請你打開3點的位置。	❶12小時制，特別提醒應加註上午、下午，小學生在寫答案時常忽略。 ❷從12點方向，逆時針排到1點。

（續上頁）

		口語表達	操作細節
流程		觀眾：哇，果然是你的簽名耶，搞不好是全部的牌都簽名了？	
		魔數師：請你打開所有的牌檢查看看。	
		觀眾：真的只有一張簽名耶。	
		魔數師：當然啊，我怎麼可能忘記我們一起珍惜的時間。	

學習單引導

時鐘預言

❶學用版（學生筆記）。

❷抄寫流程。

❸學習單引導，思考簽名牌的設定。

❹教用版紅色字為學用版空格參考解答。

時鐘預言 學習單

（教師用版）

一、首先，想想看簽名牌的設定：

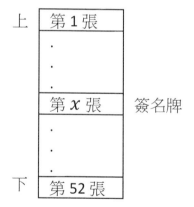

上	第 1 張
	.
	.
	.
	第 x 張　簽名牌
	.
	.
	.
下	第 52 張

假設簽名牌一開始在第 x 張，選 a 點約會，則需要拿下去 a 張，因為逆時針從 12 點發牌，所以從 $a = 12$ 討論：

a	拿下去 a 張後 簽名牌在第 $x-a$ 張	從12點逆時針 簽名牌在第幾張
12	$x-12$	1
11	$x-11$	2
10	$x-10$	3
9	$x-9$	4
8	$x-8$	5
7	$x-7$	6
6	$x-6$	7
5	$x-5$	8
4	$x-4$	9
3	$x-3$	10
2	$x-2$	11
1	$x-1$	12

二、接著，由「拿下去 a 張後簽名牌的位置」和「從12點逆時針簽名牌的順序」相同，列出等式並求出 x

a	列等式	x
12	$x-12=1$	13
11	$x-11=2$	13
10	$x-10=3$	13
9	$x-9=4$	13
8	$x-8=5$	13
7	$x-7=6$	13
6	$x-6=7$	13
5	$x-5=8$	13
4	$x-4=9$	13
3	$x-3=10$	13
2	$x-2=11$	13
1	$x-1=12$	13

 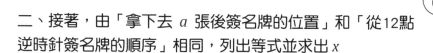

三、魔數祕密：

❶逆時針從 12 點發牌。

❷使用代數算出簽名牌設定在第13張。

時鐘預言 觸類旁通 **(教師用版)**

定值的分析與思考：

編號	題目
1	❶二個人吃十個饅頭，一個人吃幾個？ $\dfrac{10}{2} = 5$（個） ❷三個人吃十個饅頭，一個人吃幾個？ $\dfrac{10}{3}$（個） ❸五個人吃 x 個饅頭，一個人吃幾個？ $\dfrac{x}{5}$（個） ❹y 個人吃十個饅頭，一個人吃幾個？（$y \neq 0$） $\dfrac{10}{y}$（個）

（續上頁）

編號	題目
	二十四遊戲，利用四則運算符號，使四張撲克牌運算後得到24。

列式：	列式：	列式：	列式：
$(7-3) \times (2+4)$	$5 \times 7 - 8 - 3$	$(K-9) \times (7-1)$	$(K-10) \times (Q-4)$

2　　　註：K=13，Q=12，J=11

時鐘預言 操作流程

(學生筆記)

班級_____座號_____

姓名_____

準備		
	口語表達	**操作細節**
流程		

時鐘預言 學習單

班級_____座號_____

姓名_____

一、首先，想想看簽名牌的設定：

上	第 1 張	
	.	
	.	
	.	
	第 x 張	簽名牌
	.	
	.	
	.	
下	第 52 張	

假設簽名牌一開始在第 x 張，選 a 點約會，則需要拿下去 a 張，因為逆時針從 12 點發牌，所以從 $a=12$ 討論：

a	拿下去 a 張後 簽名牌在第 $x-a$ 張	從12點逆時針 簽名牌在第幾張
12	$x-12$	1
11		
10		
9		
8		
7		
6		
5		
4		
3		
2		
1		

二、接著，由「拿下去 a 張後簽名牌的位置」和「從12點逆時針簽名牌的順序」相同，列出等式並求出 x

a	列等式	x
12	$x-12=1$	13
11		
10		
9		
8		
7		
6		
5		
4		
3		
2		
1		

三、魔數祕密：

時鐘預言 觸類旁通

班級_____座號_____

姓名_____

定值的分析與思考：

編號	題目
1	❶ 二個人吃十個饅頭，一個人吃幾個？ ❷ 三個人吃十個饅頭，一個人吃幾個？ ❸ 五個人吃 x 個饅頭，一個人吃幾個？ ❹ y 個人吃十個饅頭，一個人吃幾個？（$y \neq 0$）

（續上頁）

編號	題目
2	二十四遊戲，利用四則運算符號，使四張撲克牌運算後得到24。  列式：　列式：　列式：　列式： 註：K=13，Q=12，J=11

Part 6

九宮奇蹟

有一位富翁他有三個孩子，平時看不出什麼差異，他希望有一個可以接班他最重要的事業版圖，富翁把公司人事經理找來，想問他三個人之中，哪一個個性、態度、能力上最適合。

三個小學生蹦蹦跳跳參觀富翁的工廠，人事經理給他們一個有趣的考題，她告訴三個小朋友：「我們中午十二點吃飯，你們在休息室裡有吃的喝的，也有電玩可以玩、桌球可以打，但是必須解完這個題目才可以玩其他設施，大約還有一小時時間，你們就待在這吧。人事經理說完就轉

身離去！」

考題是把1~9九個數字填到九宮格中，讓直的、橫的、斜的，加起來都是15。

大寶最聰明，想了想寫出答案後就跑去打電動，三寶看到哥哥在打電動，題目沒寫完就放棄了，跑去和哥哥一起打電動，並開了餅乾、拿了飲料享受起來。二寶不受兩人影響，**專心致志**地靜靜想出答案，並開始試著寫16格、25格，最後他發現了有趣的規律，並整理好順序和步驟，筆記寫得非常工整、令人一目瞭然，最後十分鐘還找回哥哥和弟弟分享他的思路與最後的結論。

8	1	6
3	5	7
4	9	2

人事經理看完三個人的表現，心中已經有答案了。

老師小語

真正的領導者明白堅守規矩、善用時間、思考進步、成就分享。

小叮嚀

專心致志：專一心思、集中精神。

學生討論

守規距、專心於眼前的工作的特質，這樣的人必定進步並令人欣賞。

本篇效果

九宮格上任意填入「1~9」，形成三組三位數，把其中一個數字劃掉當成「0」，然後把三個三位數加總，魔數師聽完總和立刻知道被劃掉的數字是哪一個數字。

108課綱學習內容

數學領域：N-7-2 質因數分解的標準分解式：因倍數問題、A-7-1 代數符號。

綜合領域：Ab-III-2 自我管理策略。

九宮奇蹟

3	8	6
5	4	1
9	7	2

（圖一）

大寶

3	8	6
5	4	1
9	7	2

（圖二）

二寶

3	8	6
5	4	1
9	7	2

（圖三）

三寶

3	8	6
5	4	1
9	7	2

（圖四）

大寶：1599

二寶：1829

三寶：1898

（圖五）

富翁回到公司後，直接前往休息室找人事經理，恰好看到人事經理和三個孩子玩九宮格魔數，人事經理看見富翁走進休息室，用眼神示意富翁等下會用魔數感應讓富翁知道誰是最適合的接班人。

人事經理：「請大寶把1~9任意填到這張紙的九宮格裡，不要讓我看到。」（圖一）

人事經理：「接著，大家心中各自選一個數字，三個人不要選到重複的數字，你們可以互相討論，但是不要告訴我各自選的數字。」

大寶、二寶和三寶經過討論後，各自選好自己心中的數字。

人事經理：「現在，大家把各自選的數字打叉叉，並把這個數字當成0，最後把九宮格三組數字加起來，寫在白板上，你們三個人的答案會不一樣。」（圖二）、（圖三）、（圖四）

大寶、二寶和三寶依序在白板上寫出各自的答案。（圖五）

人事經理：「我感應到你們三個人當中，有一個人選到的數是7，是誰選到呢？」

二寶：「經理，是我選到7。」

在一旁的富翁看出人事經理心中的答案。

九宮奇蹟 操作流程 （教師用版）

準備	一支筆、在紙上畫上九宮格、計算機（可使用／也可不使用）。	
流程	**口語表達**	**操作細節**
	魔數師：這裡有一個九宮格，請在九宮格上填入1~9，九個數字，不能重複的任意填上。 觀眾：填好了！	❶明確交代，九個數字填入格字，不要亂跳填寫，由一填到九，任意選位置填寫，比較不會造成重複。
	魔數師：請你劃掉其中一個數字把它變成0，然後把九宮格三組數字加起來。 觀眾：好了，是1432。	❷總和的計算過程有耐心的等待學生計算，有時觀眾會因為緊張而抗拒，可提供學生紙筆，或是年長的觀眾電子計算機。
	魔數師：接下來是見證奇蹟的時刻，我感應到了，你劃掉的數字是8。	❸如果無法記住觀眾唸出的數字，表演時也可以拿紙筆，並不影響演出的精彩，反而寫在紙上可以加強視覺驗證。

九宮奇蹟

❶學用版（學生筆記）。

❷抄寫流程。

❸學習單引導，拆解後觀察算式的相似性，接著用九宮格應用，再分析討論。

❹教用版紅色字為學用版空格參考解答。

九宮奇蹟 學習單

（教師用版）

一、請計算下列算式，拆解後觀察每個算式有什麼相似性？

算式	答案	拆解	保留
2×9=	18	=1×10+8=1×9+1+8	1+8
3×9=	27	=2×10+7=2×9+2+7	2+7
4×9=	36	=3×10+6=3×9+3+6	3+6
5×9=	45	=4×10+5=4×9+4+5	4+5
6×9=	54	=5×10+4=5×9+5+4	5+4
7×9=	63	=6×10+3=6×9+6+3	6+3
8×9=	72	=7×10+2=7×9+7+2	7+2
9×9=	81	=8×10+1=8×9+8+1	8+1

（續上頁）

算式	答案	拆解	保留
10×9=	90	=9×10+0=9×9+9+0	9+0
11×9=	99	=9×10+9=9×9+9+9	9+9
12×9=	108	=1×100+0×10+8=1×99+1+0+8	1+0+8
13×9=	117	=1×100+1×10+7 =1×99+1+1×9+1+7	1+1+7
14×9=	126	=1×100+2×10+6 =1×99+1+2×9+2+6	1+2+6
15×9=	135	=1×100+3×10+5 =1×99+1+3×9+3+5	1+3+5
16×9=	144	=1×100+4×10+4 =1×99+1+4×9+4+4	1+4+4
17×9=	153	=1×100+5×10+3 =1×99+1+5×9+5+3	1+5+3
18×9=	162	=1×100+6×10+2 =1×99+1+6×9+6+2	1+6+2
19×9=	171	=1×100+7×10+1 =1×99+1+7×9+7+1	1+7+1
發現	9的倍數的數字有一個神奇的特性，各個數字加總後還是9的倍數。		

接著，將以下九宮格內三組數字加總，用上方的發現判別是否為9的倍數：

編號	九宮格	列式與計算	是否為9的倍數
1	<table><tr><td>5</td><td>1</td><td>4</td></tr><tr><td>6</td><td>2</td><td>3</td></tr><tr><td>7</td><td>9</td><td>8</td></tr></table>	514+623+798=1935	1+9+3+5=18 是
2	<table><tr><td>8</td><td>1</td><td>6</td></tr><tr><td>3</td><td>5</td><td>7</td></tr><tr><td>4</td><td>9</td><td>2</td></tr></table>	816+357+492=1665	1+6+6+5=18 是
3	<table><tr><td>1</td><td>6</td><td>5</td></tr><tr><td>7</td><td>3</td><td>9</td></tr><tr><td>4</td><td>8</td><td>2</td></tr></table>	165+739+482=1386	1+3+8+6=18 是
4	<table><tr><td>6</td><td>2</td><td>7</td></tr><tr><td>1</td><td>9</td><td>8</td></tr><tr><td>5</td><td>4</td><td>3</td></tr></table>	627+198+543=1368	1+3+6+8=18 是

二、數學分析討論：

代數表達	定位板	百	十	個
假設第一組數字為 ABC		A	B	C
第二組數字為 DEF		D	E	F
第三組數字為 GHI	＋）	G	H	I
總和為S	總和	S		

列式表達（第一階段）

第一組數字ABC＝100A＋10B＋C

$\qquad$ ＝99A＋A＋9B＋B＋C

$\qquad$ ＝99A＋9B＋A＋B＋C

第二組數字DEF＝100D＋10E＋F

$\qquad$ ＝99D＋D＋9E＋E＋F

$\qquad$ ＝99D＋9E＋D＋E＋F

第三組數字 GHI＝100G＋10H＋I

$\qquad$ ＝99G＋G＋9H＋H＋I

$\qquad$ ＝99G＋9H＋G＋H＋I

列式表達（第二階段）

S ＝99A＋9B＋A＋B＋C＋99D＋9E＋D＋E＋F＋99G＋9H＋G＋H＋I

$\quad$ ＝99(A＋D＋G)＋9(B＋E＋H)＋(A＋B＋C＋D＋E＋F＋G＋H＋I)

其中 A＋B＋C＋D＋E＋F＋G＋H＋I

$\quad$ ＝1＋2＋…＋9＝45

討論

因為 99(A＋D＋G)、9(B＋E＋H)、45 為9的倍數

所以總和 S 為9的倍數

三、魔數祕密：

將剛才的九宮格中，劃掉其中一個數字把它變成0，三組數字加總

編號	九宮格	列式與計算	祕密
1	5 1 4 6 ⊠(2) 3 7 9 8	514+603+798=1915 1+9+1+5=16	16+2=18 16補2後=18 18為9的倍數
2	8 1 6 3 5 ⊠(7) 4 9 2	816+350+492=1658 1+6+5+8=20	20+7=27 20補7後=27 27為9的倍數
3	1 6 ⊠(5) 7 3 9 4 8 2	160+739+482=1381 1+3+8+1=13	13+5=18 13補5後=18 18為9的倍數

（續上頁）

編號	九宮格	列式與計算	祕密
4	<table><tr><td>⊠6</td><td>2</td><td>7</td></tr><tr><td>1</td><td>9</td><td>8</td></tr><tr><td>5</td><td>4</td><td>3</td></tr></table>	027+198+543=768 7+6+8=21	21+6=27 21補6後=27 27為9的倍數
5	<table><tr><td>7</td><td>3</td><td>8</td></tr><tr><td>1</td><td>2</td><td>4</td></tr><tr><td>6</td><td>5</td><td>⊠9</td></tr></table>	738+124+650=1512 1+5+1+2=9	剛好是9的倍數 不用補
整理	❶原理：9的倍數判別。 ❷操作：不論九宮格如何排列，三組數字加總後答案必定是9的倍數，觀眾劃掉一個數字後，答案的各個位數和就不是9的倍數，補回劃掉的數字，就是9的倍數。 ❸特殊：劃掉9後，總和還是9的倍數，可知觀眾劃掉的數字為9。		

九宮奇蹟 觸類旁通 (教師用版)

以下幾個題目都和9的倍數有關，等你來挑戰！

編號	題目
1	寫出□代表的數字： 20220923×999=20200□02077，□=7。
2	寫出□代表的數字： 1314×520×7799=5□28900720，□=3。
3	寫出(　　)代表的數字： ABCD =1000A+100B+10C+D =999A+99B+9C+A+B+C+D ABCDE =10000A+1000B+100C+10D+E =9999A+999B+99C+9D+A+B+C+D+E
4	寫出 □ 和 △ 代表的數字： 2798154×1314520 =3□7822939608△，□=6，△=0。

（續上頁）

編號	題目
5	如下圖，把1～9填到這個九宮格的格子裡，再把一個數字打叉叉並把這個數字當成0，最後把三組數字加起來，總和為1312，請問哪一個數字被劃掉了？

＋）			
總和	**1 3 1 2**		

1+3+1+2=7

7+2=9

補 2

所以劃掉的數字為2

九宮奇蹟 操作流程

(學生筆記)

班級_____座號_____

姓名_____

準備		
	口語表達	操作細節
流程		

九宮奇蹟 學習單

班級_____座號_____

姓名_____

一、請計算下列算式,拆解後觀察每個算式有什麼相似性?

算式	答案	拆解	保留
$2 \times 9=$	18	$=1 \times 10 + 8 = 1 \times 9 + 1 + 8$	1+8
$3 \times 9=$	27	$=2 \times 10 + 7 = 2 \times 9 + 2 + 7$	2+7
$4 \times 9=$			
$5 \times 9=$			
$6 \times 9=$			
$7 \times 9=$			
$8 \times 9=$			
$9 \times 9=$			

（續上頁）

算式	答案	拆解	保留
10×9=			
11×9=			
12×9=	108	=1×100+0×10+8=1×99+1+0+8	1+0+8
13×9=	117	=1×100+1×10+7 =1×99+1+1×9+1+7	1+1+7
14×9=			
15×9=			
16×9=			
17×9=			
18×9=			
19×9=			
發現			

接著，將以下九宮格內三組數字加總，用上方的發現判別是否為9的倍數：

編號	九宮格			列式與計算	是否為9的倍數
1	5	1	4		
	6	2	3		
	7	9	8		
2	8	1	6		
	3	5	7		
	4	9	2		
3	1	6	5		
	7	3	9		
	4	8	2		
4	6	2	7		
	1	9	8		
	5	4	3		

二、數學分析討論：

代數表達	定位板	百	十	個
假設第一組數字為 ABC		A	B	C
第二組數字為 DEF		D	E	F
第三組數字為 GHI	＋）	G	H	I
總和為S	總和		S	

列式表達（第一階段）

第一組數字ABC=＿＿＿＿＿＿＿＿＿＿＿＿＿＿＿＿＿＿

＿＿＿＿＿＿＝＿＿＿＿＿＿＿＿＿＿＿＿＿＿＿＿＿＿＿

＿＿＿＿＿＿＝＿＿＿＿＿＿＿＿＿＿＿＿＿＿＿＿＿＿＿

第二組數字DEF=＿＿＿＿＿＿＿＿＿＿＿＿＿＿＿＿＿＿

＿＿＿＿＿＿＝＿＿＿＿＿＿＿＿＿＿＿＿＿＿＿＿＿＿＿

＿＿＿＿＿＿＝＿＿＿＿＿＿＿＿＿＿＿＿＿＿＿＿＿＿＿

第三組數字 GHI=＿＿＿＿＿＿＿＿＿＿＿＿＿＿＿＿＿＿

＿＿＿＿＿＿＝＿＿＿＿＿＿＿＿＿＿＿＿＿＿＿＿＿＿＿

＿＿＿＿＿＿＝＿＿＿＿＿＿＿＿＿＿＿＿＿＿＿＿＿＿＿

列式表達（第二階段）

$S =$ ＿＿＿＿＿＿＿＿＿＿＿＿＿＿＿＿＿＿＿＿

＿＿＝＿＿＿＿＿＿＿＿＿＿＿＿＿＿＿＿＿＿＿＿

其中 $A+B+C+D+E+F+G+H+I$

＿＿＝＿＿＿＿＿＿＿＿＿ ＝＿＿＿＿＿＿

討論

因為 ＿＿＿＿＿＿＿＿＿＿＿＿＿＿＿＿＿＿＿＿＿＿＿＿＿＿

所以 ＿＿＿＿＿＿＿＿＿＿＿＿＿＿＿＿＿＿＿＿＿＿＿＿＿＿

三、魔數祕密：

將剛才的九宮格中，劃掉其中一個數字把它變成0，三組數字加總

編號	九宮格	列式與計算	祕密
1	5 1 4 6 ⊠ 3 7 9 8		
2	8 1 6 3 5 ⊠ 4 9 2		
3	1 6 ⊠ 7 3 9 4 8 2		

（續上頁）

編號	九宮格	列式與計算	祕密
4	<table><tr><td>6</td><td>2</td><td>7</td></tr><tr><td>1</td><td>9</td><td>8</td></tr><tr><td>5</td><td>4</td><td>3</td></tr></table>		
5	<table><tr><td>7</td><td>3</td><td>8</td></tr><tr><td>1</td><td>2</td><td>4</td></tr><tr><td>6</td><td>5</td><td>9</td></tr></table>		
整理	❶原理：＿＿＿＿＿＿＿＿＿＿＿＿＿＿＿＿＿＿ ❷操作：＿＿＿＿＿＿＿＿＿＿＿＿＿＿＿＿＿＿ ＿＿＿＿＿＿＿＿＿＿＿＿＿＿＿＿＿＿＿＿＿＿ ＿＿＿＿＿＿＿＿＿＿＿＿＿＿＿＿＿＿＿＿＿＿ ❸特殊：＿＿＿＿＿＿＿＿＿＿＿＿＿＿＿＿＿＿ ＿＿＿＿＿＿＿＿＿＿＿＿＿＿＿＿＿＿＿＿＿＿		

九宮奇蹟 觸類旁通

班級_____座號_____
姓名_____

以下幾個題目都和9的倍數有關，等你來挑戰！

編號	題目
1	寫出□代表的數字： 20220923×999=20200□02077，□=_____。
2	寫出□代表的數字： 1314×520×7799=5□28900720，□=_____。
3	寫出(　　)代表的數字： ABCD =1000A+100B+10C+D =(　　)A+(　　)B+(　　)C+A+B+C+D ABCDE =10000A+1000B+100C+10D+E =(　　)A+(　　)B+(　　)C+(　　)D+A+B+C+D+E
4	寫出 □ 和 △ 代表的數字： 2798154×1314520 =3□7822939608△，□=_____，△=_____。

（續上頁）

編號	題目
5	如下圖，把1～9填到這個九宮格的格子裡，再把一個數字打叉叉並把這個數字當成0，最後把三組數字加起來，總和為1312，請問哪一個數字被劃掉了？ （九宮格圖） + ） 總和　1312

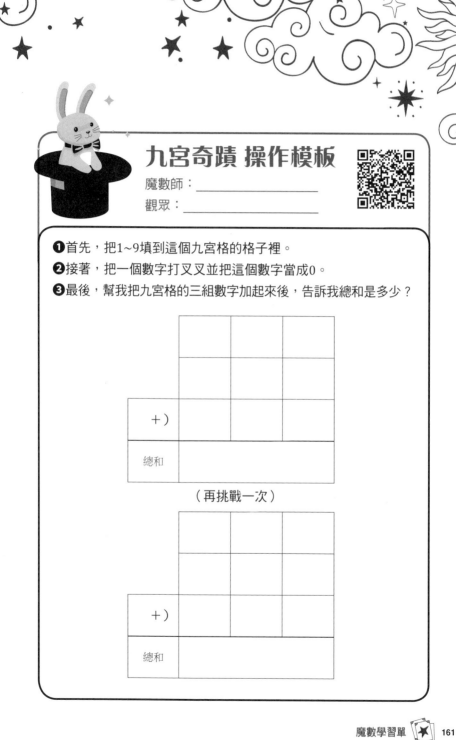

九宮奇蹟 操作模板

魔數師：＿＿＿＿＿＿＿＿＿

觀眾：＿＿＿＿＿＿＿＿＿

❶首先，把1~9填到這個九宮格的格子裡。

❷接著，把一個數字打叉叉並把這個數字當成0。

❸最後，幫我把九宮格的三組數字加起來後，告訴我總和是多少？

+)		
總和		

（再挑戰一次）

+)		
總和		

神祕隱身數

商代的紂王，大家都記得他暴虐無道，最後慘被滅朝。其實他年少時「資辨捷疾、聞見甚敏、才力過人、手格猛獸」，但是統治的後期非常腐敗。

大臣太師箕子有一次看到紂王命人做象牙的筷子，他就知道離滅亡不久了。箕子認為，用具改變、食物也會跟著改變、再來就是車子、房子，習慣都會漸漸進入奢侈。領導者一旦奢侈起來，官員也會跟著改變，腐敗的風氣就會一發不可收拾。

箕子最後因為一件事情，告訴徒弟要裝

瘋賣傻避免迫害，可以趕快逃離了！

因為一次紂王忘記某個日期，大臣們都不知道，於是建議紂王派人問最聰明的箕子，箕子對徒弟說：「君主忘日則天下忘日，不是好兆頭，商之天下已至危險盡頭」。他命徒弟去回覆隨從，說太師醉了，所以也不知道。之後幾次諫言無效後，箕子開始裝瘋賣傻，漸漸脫離朝政，避免殺身之禍。果不其然，不過五年，紂王就被周武王所滅。

秦朝韓非子，對於箕子這樣的洞察力很佩服，說道「聖人見微以知著，見端以知末」，**見微知著**成語的由來就是出自這句話。

老師小語

天道循環，總是能看到一些事物的蛛絲馬跡，要有良好的品德與豐富的知識，才能趨吉避凶。

小叮嚀

見微知著：看到事情的苗頭，就能知道事物的本質與發展趨勢。

學生討論

由儉入奢易，由奢入儉難，把成就感放在自己的專業成長上，才不會因為物質的比較而迷失。

本篇效果

觀眾任選一組數字，經運算後隱藏一個數字，魔數師能夠見微知著的感應出來。

108課綱學習內容

數學領域：N-7-2 質因數分解的標準分解式、A-7-1 代數符號。

綜合領域：Bc-III-1 各類資源的分析與判讀。

魔數效果

神祕隱身數

923　　　　　923923　　　　　101□3

（圖一）　　　　　（圖二）　　　　　（圖三）

小棟：「看完箕子的故事後，我有一個魔數要送給大家。請妳幫我寫一組三位數，三個數字不要一樣。」

小妃：「寫好了。」（圖一）

小棟：「接著把這組三位數再抄一次，變成一組六位數，不要讓我知道。」

小妃：「寫好了。」（圖二）

小棟：「請妳把這組六位數除以7，商算到整數位就好。再把這個商除以13，商一樣算到整數位。算好後不要把答案說出來。」

小妃：「算好了。」

小棟：「請妳從答案中選出一個數字，將這個數字藏在心裡，並用『□』符號代替和寫出來讓我知道。」

小妃：「寫好了。」（圖三）

小棟：「我感應到了，藏在妳心裡的數字是5。」

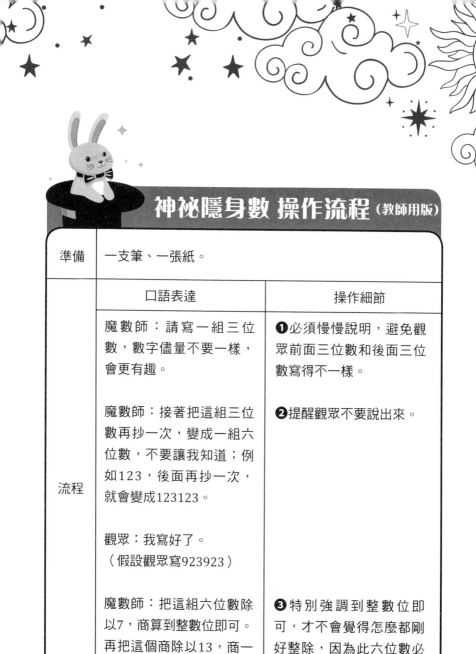

神祕隱身數 操作流程 (教師用版)

準備	一支筆、一張紙。	
	口語表達	操作細節
流程	魔數師：請寫一組三位數，數字儘量不要一樣，會更有趣。	❶必須慢慢說明，避免觀眾前面三位數和後面三位數寫得不一樣。
	魔數師：接著把這組三位數再抄一次，變成一組六位數，不要讓我知道；例如123，後面再抄一次，就會變成123123。	❷提醒觀眾不要說出來。
	觀眾：我寫好了。 （假設觀眾寫923923）	
	魔數師：把這組六位數除以7，商算到整數位即可。再把這個商除以13，商一樣算到整數位。算好後不要把答案說出來。	❸特別強調到整數位即可，才不會覺得怎麼都剛好整除，因為此六位數必為7、11、13的倍數。

（續上頁）

	口語表達	操作細節
流程	觀眾：我算好了。 （假設結果為10153） 魔數師：從答案中圈出一個數字，不要唸出來，將這個數字隱藏，並用「□」符號代替和寫出來讓我知道。 觀眾：寫好了。 （假設觀眾寫101□3） 魔數師：你隱藏的數字是5。	❹如果不熟練，記得先拿紙筆在手上，方便計算，但速度要快才會神奇，需要多練習。

神祕隱身數

❶學用版（學生筆記）。

❷抄寫流程。

❸學習單引導，先使用代數表達進行整理和觀察，再分析討論六位數ABCABC的性質。

❹教用版紅色字為學用版空格參考解答。

神祕隱身數 學習單

（教師用版）

一、首先，我們使用代數表達進行整理和觀察：

代數表達	定位板	十萬	萬	千	百	十	個
假設三位數為ABC		A	B	C	0	0	0
六位數為ABCABC	＋）				A	B	C
	總和	A	B	C	A	B	C
列式表達							
六位數ABCABC	＝ 三位數ABC×1000＋三位數ABC×1						
	＝ 三位數ABC×（1000＋1）						
	＝ 三位數ABC×1001						

二、接著，分析討論六位數ABCABC的性質：

不管三位數ABC是多少，六位數ABCABC一定可以寫成三位數ABC×1001，

又1001的質因數分解＝7×11×13，所以此六位數必定是7、11、13的倍數。

三、魔數祕密：

❶11的倍數判別。

一個整數的「奇數位各數字的和」與「偶數位各數字的和」，

相差0或是11的倍數時，則該整數為11的倍數。

【例1】18920是11的倍數嗎？

　　　　1+9+0=10，8+2=10，10-10=0；是。

【例2】75988是11的倍數嗎？

　　　　7+9+8=24，5+8=13，24-13=11；是。

所以利用這個特性，就能猜出隱藏的數字，假設觀眾寫18□8，□＝？

8+8=16，□＝16-11-1=4

❷如果想知道原來觀眾寫的三位數ABC是多少，把還原後的那組數字再

除以11，就是觀眾原先想的三位數ABC喔！

神祕隱身數 觸類旁通 (教師用版)

編號	題目
1	想想11的倍數判斷法，為什麼可以用跳格字的方式互減即可判斷。 例如：三位數ABC 我們可以寫成三位數ABC$=100A+10B+C$ $\qquad\qquad\qquad\qquad=99A+A+11B-B+C$ $\qquad\qquad\qquad\qquad=99A+11B+(A+C-B)$ 因為「 $99A+11B$ 」是11的倍數，剩下$(A+C-B)$就是判斷的依據了。 接下來換你寫寫看，如果是六位數ABCDEF，要怎麼分解這個算式？ 六位數ABCDEF $=100000A+10000B+1000C+100D+10E+F$ $=100001A-A+9999B+B+1001C-C+99D+D+11E-E+F$ $=100001A+9999B+1001C+99D+11E+(B+D+F)-(A+C+E)$ 因為「$100001A+9999B+1001C+99D+11E$」是11的倍數，剩下$(B+D+F)-(A+C+E)$就是判斷的依據了。

（續上頁）

編號	題目
2	老水手知道這個神祕寶箱的密碼鎖是11的倍數，但是藏寶圖上有兩個數字破損了，老水手只記得那兩個數字是同一個數字，這個寶箱只要轉錯密碼就會爆炸，你能幫老水手解開這個數字嗎？  假設破損的數字為 x $2+5+8+7=22$ $2x + 9 + 7 = 11$或22或33，只有22符合 $2x + 9 + 7 = 22$，$2x = 6$，$x = 3$

神祕隱身數 操作流程

(學生筆記)

班級_____座號_____

姓名_____

準備		
	口語表達	操作細節
流程		

神祕隱身數 學習單

班級_____座號_____
姓名_____

一、首先，我們使用代數表達進行整理和觀察：

代數表達	定位板	十萬	萬	千	百	十	個
假設三位數為ABC		A	B	C	0	0	0
六位數為ABCABC	＋）				A	B	C
	總和	A	B	C	A	B	C

列式表達

六位數ABCABC ＝ _____

＝ _____

＝ _____

二、接著，分析討論六位數ABCABC的性質：

> 不管三位數ABC是多少，六位數ABCABC一定可以寫成三位數
> ABC×_____，
> 又_____，所以_____
> _____。

三、魔數祕密：

> ❶11的倍數判別。
> 一個整數的_____與_____，
> 相差0或是11的倍數時，則該整數為11的倍數。
> 【例1】18920是11的倍數嗎？
> _____
> 【例2】75988是11的倍數嗎？
> _____
> 所以利用這個特性，就能猜出隱藏的數字，假設觀眾寫18□8，
> □＝？
> _____
> ❷如果想知道原來觀眾寫的三位數ABC是多少，把還原後的那組數
> 字再
> _____，就是觀眾原先想的三位數ABC喔！

神祕隱身數　觸類旁通

班級_____座號_____

姓名_____

編號	題目
1	想想11的倍數判斷法，為什麼可以用跳格字的方式互減即可判斷。 例如：三位數ABC 我們可以寫成三位數 $ABC=100A+10B+C$ $\qquad\qquad\qquad\quad =99A+A+11B-B+C$ $\qquad\qquad\qquad\quad =99A+11B+(A+C-B)$ 因為「99A+11B」是11的倍數，剩下$(A+C-B)$就是判斷的依據了。 接下來換你寫寫看，如果是六位數ABCDEF，要怎麼分解這個算式？

（續上頁）

編號	題目
2	老水手知道這個神祕寶箱的密碼鎖是11的倍數，但是藏寶圖上有兩個數字破損了，老水手只記得那兩個數字是同一個數字，這個寶箱只要轉錯密碼就會爆炸，你能幫老水手解開這個數字嗎？ 2□5□8977

神祕隱身數 操作模板

魔數師：＿＿＿＿＿＿＿＿＿＿

觀眾：＿＿＿＿＿＿＿＿＿＿＿

❶首先，寫一個三位數，數字儘量不要一樣。

❷接著，把這個三位數抄一次，變成一個六位數。

❸接著，再把六位數除以7，商算到整數位即可；

再把這個商除以13，商一樣算到整數位。

（算好後不要把答案說出來）

❹最後，從答案中圈出一個數字，不要唸出來，將這個數字隱藏， 並用「□」代替和寫（或唸）出來。

步驟	觀眾操作	
❶❷	□□□□□□	
❸	除以7	除以13
❹		

（以上為觀眾寫的，第四步驟中隱藏後可寫在背面給魔數師看）

Part 8

老鷹預言

森林裡的跑車推銷大會非常熱鬧，銷售員卻一輛也賣不出去！獅王、老虎、獵豹、老鷹這些金字塔頂端的貴族沒人想買，中產階級大蟒蛇、大象、猴子等和藍領階級的動物們，是根本買不起。

銷售員非常苦惱，用了降價策略，期間說得**口沫橫飛**，不只沒成功銷售還惹惱這些頂端富翁。獅王說：「你是看不起人嗎？我把你整間車廠公司買下來都行，我們根本不需要跑車，我們在這森林和草原上悠游自在，不需要什麼跑車，誰能比我們高貴、比我們快。」

　　銷售員換個角度想了想後決定，把舊款的跑車便宜賣給中產階級，讓動物圈形成一種流行，是高貴的象徵。漸漸地，食物鏈頂端的動物發現，他們追不上這些中產階級的動物，森林的氛圍流露一股有車階級的特殊身份，造成上流的一種象徵與流行。獅王主動找來銷售員，訂了最新最貴的跑車，發誓要成為草原上森林裡最快的動物，整個市場被這樣的氛圍給籠罩，差點被裁員的銷售員瞬間變成銷售經理，公司高層還特別表揚了銷售員的智慧與策略，誇獎他從不同的視角切入市場面，創造市場需要並拓展新的經濟市場。

有天，大家看到老鷹也開跑車，紛紛納悶，你不是會飛嗎？

　　老鷹說：「有自動導航還有定位，還能好好的欣賞這個視角的風景，我更知道動物們都躲在哪裡，平常我看不到，現在都看到了，當然也要買一輛來開開啊！」

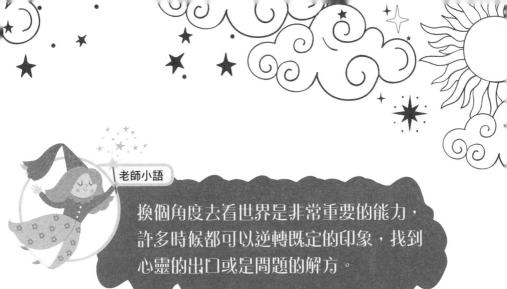

老師小語

換個角度去看世界是非常重要的能力，許多時候都可以逆轉既定的印象，找到心靈的出口或是問題的解方。

小叮嚀
口沫橫飛：形容放情談論、唾液四散。

學生討論
遇到問題，我們有時太主觀去看待，會找不到答案，若能轉念翻轉思考，也許可以看到新的思維與面向。

本篇效果
魔數師做了一個預言，令人摸不著頭緒，牛頭不對馬嘴，但是翻轉180度看預言後，卻準確浮現觀眾的選擇。

108課綱學習內容
數學領域：R-3-2 數量模式與推理（I）、N-3-2 加減直式計算、A-7-1 代數符號。
綜合領域：Ad-II-2 正向思考的策略。

魔數效果

老鷹預言

⑦	⑧	⑨
④	⑤	⑥
①	②	③

（圖一）

⑦	⑧	⑨
④	⑤	⑥
①	②	③

（圖二）

⑦	⑧	⑨
④	⑤	⑥
①	②	③

（圖三）

小棟：「聽完老鷹的說法，現在我要請朋友圈中，有著跟老鷹般智慧的富哥幫我見證奇蹟。」

富哥：「好的。」

小棟：「請你拿出計算機，並將鍵盤上的數字框起來，選一個數字當作起點。」（圖一）

富哥：「選好了。」（圖二）

小棟：「接著，沿著這個框順時針或逆時針，三個數字為一組，開始輸入。」

富哥：「789。」（圖三）

小棟：「輸入『＋』加法運算符號，再以剛才的三位數最後一個數字當作起點，輸入下一組三位數；依此類推，直到繞回起點的數字。」

富哥：「789+963+321+147。」

小棟：「按『＝』等於符號，接著輸入『乘以10』，按『＝』等於符號後，『減598』，最後再按『＝』等於符號，並且告訴我答案是多少？」

富哥：「答案是21602。」

小棟：「現在我把預言打開。」

（圖四）

（圖五）

富哥：「咦？預言上的老鷹和我的答案有什麼關聯嗎？」（圖四）

小棟：「接下來是見證奇蹟的時刻，請你試著將答案換個角度看。」

富哥：「哇！我知道了，老鷹的英文是eagle，把『eagle』轉過來看就是21602！」（圖五）

老鷹預言 操作流程（教師用版）

準備	計算機一部、操作模板。	
	口語表達	操作細節
流程	魔數師：請看著計算機上面的鍵盤，在這框框的線上數字，12346789，選一個數字當成起點。 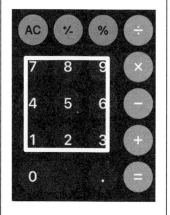觀眾：好了。 （假設觀眾選7）	❶ 務必解釋清楚只有12346789可以選當起點，0和5不能選。 ❷ 不要一次做完所有說明，分段執行，讓觀眾知道如何輸入三位數為一組的意義。

（續上頁）

	口語表達	操作細節
流程	魔數師：接下來三個數字為一組，可以順時針或逆時針沿著框框輸入三位數。 觀眾：好了。 （假設觀眾順時針輸入789）	❷不要一次做完所有說明，分段執行，讓觀眾知道如何輸入三位數為一組的意義。
	魔數師：輸入「加號+」，再以剛才的三位數最後一個數字當起點，輸入下一組三位數；依此類推，直到繞回起點的數字。 觀眾：好了。 （假設觀眾輸入+963+321+147）	❸輸入加號，特別提醒下一組三位數的起點，是上一組三位數的個位數。 ❹操作完成這個步驟，所有人的答案都會是2220。
	魔數師：按等於「＝」，	

（續上頁）

	口語表達	操作細節
流程	接著按乘以10，按等於「＝」後減598，最後再按等於「＝」。 觀眾：好了。 （依據前面的操作，答案為21602） 魔數師：我的預言在這裡，是一隻老鷹，大家一定納悶，老鷹和觀眾的數字21602有什麼關係？ 	❺記得一定要在繞一圈後先按等於「＝」，若沒有先按而直接乘以10，就會先乘除後加減，此處必須注意，並在檢討時強調數字的運算規則。 ❻圖片可以自製，取出時亦可以說「我昨天夢見一隻動物，所以就畫下來，我總覺得老鷹和今天的數字有很大的關係，大家有感覺出什麼了嗎？」

（續上頁）

	口語表達	操作細節
流程	魔數師：接下來是見證奇蹟的時刻，有些答案必須換個角度來看！ ![21602](21602 圖) 魔數師：是的，我把英文eagle轉過來，發現了嗎？就是21602！	❼寫2、6、0時，要注意數字的寫法細節，例如2的下方、6要拉長、0必須翻過來能與a相似。

 學習單引導

老鷹預言

❶學用版（學生筆記）。

❷抄寫流程。

❸學習單引導，觀察計算機上的數字，並用代數表達，再分析討論四組三位數的總和。

❹教用版紅色字為學用版空格參考解答。

老鷹預言 學習單

（教師用版）

一、 首先，我們觀察計算機上的數字，並用代數表達：

觀察 ➡	代數表達
計算機	假設中間的數為 x

7	8	9
4	5	6
1	2	3

觀眾以為是隨機選擇

$x+2$	$x+3$	$x+4$
$x-1$	x	$x+1$
$x-4$	$x-3$	$x-2$

其實已經被魔數師控制運算的結果

二、接著，假設起點為 $x+2$，分析討論四組三位數的總和：

定位板	百	十	個
第一組三位數	$x+2$	$x+3$	$x+4$
第二組三位數	$x+4$	$x+1$	$x-2$
第三組三位數	$x-2$	$x-3$	$x-4$
＋）第四組三位數	$x-4$	$x-1$	$x+2$
總和	$4x$	$4x$	$4x$

列式表達

四組三位數總和＝$4x\times100+4x\times10+4x\times1=444x$

$x＝5$ 代入，四組三位數總和＝$444\times5=2220$

所有人的答案都會是 2220，乘以10後，再減598，必定得到 21602。

三、魔數祕密：

❶數字排列的對稱性，不論從哪裡選擇，個位數都會被抵消剩下 $4x$。

❷創意圖形設計翻轉，英文與數字的結合。

老鷹預言 觸類旁通 （教師用版）

編號	題目
1	如右圖，若依照本單元的魔數遊戲玩法，算算看這一題的答案會是多少？ （三格為一組數字，繞一圈，四組數字加總） 061225＋251334＋342815＋152706 ＝808080
2	承上一題，數字設計的對稱位置與計算機一樣，中間的空格若為 y，則這個 y 應該是多少？（計算機中間的數為5） （27＋13）÷2＝20 （15＋25）÷2＝20

題目1的圖：

27	06	12
15		25
28	34	13

老鷹預言 操作流程
(學生筆記)

班級_____座號_____

姓名_____

準備		
	口語表達	操作細節
流程		

（續上頁）

流程	口語表達	操作細節

老鷹預言 學習單

班級＿＿＿＿＿＿座號＿＿＿＿＿＿

姓名＿＿＿＿＿＿＿＿＿＿＿＿＿＿

一、 首先，我們觀察計算機上的數字，並用代數表達：

| 觀察 | ➡ | 代數表達 |

計算機

7	8	9
4	5	6
1	2	3

觀眾以為是＿＿＿＿＿＿＿＿＿＿＿

＿＿＿＿＿＿＿＿＿＿＿＿＿＿＿＿＿

假設中間的數為 x

	x	

其實已經被魔數師＿＿＿＿＿＿＿

＿＿＿＿＿＿＿＿＿＿＿＿＿＿＿＿＿

二、接著，假設起點為＿＿＿，分析討論四組三位數的總和：

定位板	百	十	個
第一組三位數			
第二組三位數			
第三組三位數			
＋）第四組三位數			
總和			

列式表達

四組三位數總和＝＿＿＿＿＿＿＿＿＿＿＝＿＿＿＿＿＿＿＿

x＝＿＿代入，四組三位數總和＝＿＿＿＿＿＿＿＿＿＿

所有人的答案都會是＿＿＿＿＿＿，乘以10後，再減598，必定得到＿＿＿＿。

三、魔數祕密

❶ ＿＿＿＿＿＿＿＿＿＿＿＿＿＿＿＿＿＿＿＿＿＿＿
＿＿＿＿＿＿＿＿＿＿＿＿＿＿＿＿＿＿＿＿＿＿＿

❷ ＿＿＿＿＿＿＿＿＿＿＿＿＿＿＿＿＿＿＿＿＿＿＿
＿＿＿＿＿＿＿＿＿＿＿＿＿＿＿＿＿＿＿＿＿＿＿

老鷹預言 觸類旁通

班級＿＿＿＿＿＿座號＿＿＿＿＿＿

姓名＿＿＿＿＿＿＿＿＿＿＿＿

編號	題目
1	如右圖，若依照本單元的魔數遊戲玩法，算算看這一題的答案會是多少？（三格為一組數字，繞一圈，四組數字加總） 一個表格如下： <table><tr><td>27</td><td>06</td><td>12</td></tr><tr><td>15</td><td></td><td>25</td></tr><tr><td>28</td><td>34</td><td>13</td></tr></table>
2	承上一題，數字設計的對稱位置與計算機一樣，中間的空格若為 y，則這個 y 應該是多少？（計算機中間的數為5）

老鷹預言 操作模板

魔數師：＿＿＿＿＿＿＿＿＿＿

觀眾：＿＿＿＿＿＿＿＿＿＿

計算機	計算	
⑦ ⑧ ⑨	第一組三位數	
④ ⑤ ⑥	第二組三位數	
	第三組三位數	
① ② ③	第四組三位數	
	加總	

-----------------------------（剪裁線）-----------------------------

（可列印此頁表演時使用）

Part 9

數字龍捲風

荷花理論是一個有名的勵志理論。因為荷花池裡的荷花，是指數型的成長，每天都是乘以二的量填補池面。所以，如果第三十天開滿荷花池，那第幾天荷花池是開滿了一半？答案是第二十九天！

對於成功這件事，就像是荷花池，沒有等待與堅持，其實看不到成果。許多人想一下子就成功，卻沒有堅忍的意志與不懈的努力，因此在到達成功之前，可能只剩一步之遙卻**功虧一簣**。堅持才可以看到美好，耐心和目標是很重要的。

老師小語

美好的事物留給願意付出的人。這個數字龍捲風雖然需要很多計算，但是細細品嚐的人，將見證黃金比例的美妙。

小叮嚀

功虧一簣：事情只差一步，未能堅持到底而前功盡棄。（出自書經旅獒）

學生討論

開滿荷花池的一半是29天而不是15天，我們做事不能貪圖急效，而是落實學習、熟練技藝，才能有所成就。

本篇效果

觀眾選二組數字，經運算後提供第六個數字，魔數師能夠瞬間算出❶觀眾想的數字、❷第五個數字、❸十個數字的數字總和。

數學領域：A-7-4 二元一次聯立方程式的意義：列出二元一次方程式，以代數表示具體情境。

綜合領域：Ab-III-1 學習計畫的規劃與執行、輔 Da-IV-1 正向思考模式、生活習慣與態度的培養。

魔數效果

數字龍捲風

甲＝3

乙＝5

（圖一）

項	數字
A1	9
A2	10
A3	
A4	
A5	
A6	
A7	
A8	
A9	
A10	
十項總和	

（圖二）

項	數字
A1	9
A2	10
A3	19
A4	29
A5	48
A6	77
A7	
A8	
A9	
A10	
十項總和	

（圖三）

小棟：「我有一個魔數要送給大家，請妳幫我先在心裡想一個1~10之間的正整數，一定要小於10，設定為甲；再想一個任意正整數，設定為乙。」

小妃：「想好了。」（圖一）

小棟：「接著把『甲×3』的答案填寫到A1，把『乙×2』的答案填寫到A2。」

小妃：「填好了。」（圖二）

小棟：「再把『A1＋A2』的答案填到A3，也就是前兩項相加等於下一項，先填寫到A6就好，然後告訴我A6是多少？。」

小妃：「A6是77。」（圖三）

小棟：「我感應到你的A5是48。」

小妃：「怎麼知道的？太厲害了！」

項	數字
A1	9
A2	10
A3	19
A4	29
A5	48
A6	77
A7	125
A8	202
A9	327
A10	529
十項總和	1375

（圖四）

～預言～

總和 1375

甲＝3

乙＝5

（圖五）

小棟：「還有更厲害的，請你把表格填完到A10，並且把A1~ A10全部加起來，並告訴我答案是多少？」

小妃：「加起來是1375。」（圖四）

小棟：「請你打開我早就寫好的預言。」

小妃：「預言寫總和是1375耶，而且早就知道我設定的答案，太厲害了！」（圖五）

小棟：「沒有等待與堅持，其實看不到成果。」

小妃：「我懂了！不知為何而堅持，堅持才知為何。」

小棟：「堅持才可以看到美好，耐心和目標是很重要的，如同你做事的堅持態度，總是令我佩服與感動！」

數字龍捲風 操作流程（教師用版）

準備	一支筆、操作模板表格（可另備計算機）。	
	口語表達	**操作細節**
流程	魔數師：請在心裡想一個1~10之間的正整數，設定為甲。再想一個任意正整數，設定為乙。	❶注意甲，一定要小於10。
	觀眾：好，填好兩個位置了。	❷確定甲乙兩數後，再說明填表格方式，一段一段慢慢來。
	魔數師：接下來把「甲×3」的答案填寫到A1，把「乙×2」的答案填寫到A2。	
	觀眾：填寫好了。	
	魔數師：再把A1+A2=A3，也就是前兩項相加等於下一項，先填寫到A6就好，然後告訴我A6是多少？	❸需要加法練習的課程，不要用計算機，有耐心的等觀眾慢慢寫；請觀眾先不要全部填寫完，算到A6先給一個魔數來即時反饋第一階段。

（續上頁）

	口語表達	操作細節
流程	觀眾：我的A6是77。 （假設情況） 魔數師：我知道你的A5是48。 （一秒回答，第一階段魔數） 觀眾：太厲害了吧～ 魔數師：還有更厲害的，請你把表格填完到A10，並且把A1~ A10全部加起來，並告訴我答案。 觀眾：1375。 觀眾：哇，魔數師早就寫好預言，就是1375，而且知道甲是3、乙是5。 （第二階段魔數）	❹最後四格數字比較大，放在第二階段，而那個時間魔數師可以寫預言；將A6數字無條件進入法到十位數，然後把該數乘以0.6就會是A5的答案。 ❺魔數師知道了A5、A6，可以求出A7，把A7乘上11倍，就是這個數列的總和。 ❻A6加上『甲』就能變成10的倍數X，然後這個X的十位數減去甲就是『乙』。 例： 77要「+3」會變80 8-3=5，所以甲＝3、乙＝5

學習單引導

數字龍捲風

❶學用版（學生筆記）。

❷抄寫流程。

❸學習單引導，依照魔數流程，使用代數整理和觀察，並分析討論。

❹教用版紅色字為學用版空格參考解答。

數字龍捲風 學習單

（教師用版）

一、首先我們依照魔數流程，使用代數表達進行整理和觀察：

假設甲為 x，乙為 y			
操作		列式與化簡	
A1	3×甲	$=3x$	$=3x$
A2	2×乙	$=2y$	$=2y$
A3	A1+A2	$=3x+2y$	$=3x+2y$
A4	A2+A3	$=2y+(3x+2y)$	$=3x+4y$
A5	A3+A4	$=(3x+2y)+(3x+4y)$	$=6x+6y$
A6	A4+A5	$=(3x+4y)+(6x+6y)$	$=9x+10y$

（續上頁）

假設甲為 x，乙為 y			
\multicolumn{2}{c}{操作}	\multicolumn{2}{c}{列式與化簡}

操作		列式與化簡	
A7	A5+A6	$=(6x+6y)+(9x+10y)$	$=15x+16y$
A8	A6+A7	$=(9x+10y)+(15x+16y)$	$=24x+26y$
A9	A7+A8	$=(15x+16y)+(24x+26y)$	$=39x+42y$
A10	A8+A9	$=(24x+26y)+(39x+42y)$	$=63x+68y$
\multicolumn{2}{c}{十項總和}	$=3x+2y+(3x+2y)+(3x+4y)$ $+(6x+6y)+(9x+10y)$ $+(15x+16y)+(24x+26y)$ $+(39x+42y)+(63x+68y)$	$=165x+176y$

二、接著，進行分析與討論：

操作	❶分析與 ❷討論
第一 階段	❶A6=$9x+10y$，A6 加上 x 就能得到 $10x+10y=10(x+y)$=T A5=$6x+6y$=$(10x+10y)×0.6$，T÷$10=x+y$
	❷將A6無條件進入法到十位數，得到 T，再乘以0.6，就 可算出A5
第二 階段	❶十項總和=$165x+176y=11×(15x+16y)=11×$A7 而A7＝A5+A6，所以十項總和=$(A5+A6)×11$
	❷將A5加上A6，再乘以11，就可算出十項總和 A6無條件進入法到十位數，得到 T，再減去A6，就可算 出 x（甲） 將 T 除以10，再減去 x，就可算出 y（乙）

以下為不同觀眾的A6，依照剛才的分析與討論，完成下表：

觀眾	A6	第一階段		第二階段			
		T	A5	A7	十項總和	x	y
	公式		T×0.6	A5+A6	A7×11	T-A6	T÷10-x
1	86	90	54	140	1540	6	3
	計算		90×0.6	54+86	140×11	90-84	90÷10-6
2	92	100	60	152	1672	8	2
	計算		100×0.6	92+60	152×11	100-92	100÷10-8
3	124	130	78	202	2222	6	7
	計算		130×0.6	124+78	202×11	130-124	130÷10-6

三、魔數祕密：

費氏數列會趨近黃金比例（約0.618），利用代數設計容易計算的0.6倍。

數字龍捲風 觸類旁通 （教師用版）

編號	題目
1	聽說過最美的黃金比例吧，這個魔數的數字藏著黃金比例喔，黃金比例的近似值是1.618，請試試看你的表格中，A10除以A9答案是多少？（四捨五入法求到小數點第三位）

項	數字	發現黃金比例
A1		
A2		
A3		
A4		
A5		
A6		
A7		
A8		
A9		
A10		

視學生計算結果，然後大家的數據一起比較，會發現都是黃金比例。

（續上頁）

編號	題目
2	猜猜看下列的數列，空格應該填上什麼？ ❶1,3,5,7,□,11,13 　　□=9 ❷1,1,2,3,5,8,13,21,34,55,□,...,144 　　□=89 ❸20,4,16,37,□,89,145,42,20,4 　　□=58

數字龍捲風 操作流程
(學生筆記)

班級_____座號_____
姓名_____

準備		
	口語表達	**操作細節**
流程		

數字龍捲風 學習單

班級_____座號_____

姓名_____

一、首先我們依照魔數流程，使用代數表達進行整理和觀察：

假設甲為 x，乙為 y			
操作		列式與化簡	
A1	3×甲	$=3x$	$=3x$
A2	2×乙	$=2y$	$=2y$
A3	A1+A2	$=$	$=$
A4	A2+A3	$=$	$=$
A5	A3+A4	$=$	$=$
A6	A4+A5	$=$	$=$

（續上頁）

假設甲為 x，乙為 y			
操作		列式與化簡	
A7	A5+A6	=	=
A8	A6+A7	=	=
A9	A7+A8	=	=
A10	A8+A9	=	=
十項總和		=	=

二、接著，進行分析與討論：

操作	❶分析與 ❷討論
第一階段	❶A6=9x+10y，A6 加上＿＿＿就能得到10x+10y=＿＿=T A5=6x+6y＝＿＿＿＿＿＿＿＿，T＿＿＿＿＝＿＿＿＿ ❷將A6無條件進入法到十位數，得到 T，再乘以＿＿＿＿＿，就可算出A5
第二階段	❶十項總和=＿＿＿＿＿=＿＿＿＿＿×(＿＿＿＿)=＿＿＿＿×＿＿＿＿ 而＿＿＿＿，所以十項總和=(＿＿＿＿)×＿＿＿＿ ❷將＿＿＿＿，再乘以＿＿＿＿，就可算出十項總和 A6無條件進入法到十位數，得到 T，再減去A6，就可算出＿＿＿＿ 將 T 除以10，再減去 ＿＿＿＿，就可算出＿＿＿＿

以下為不同觀眾的A6，依照剛才的分析與討論，完成下表：

觀眾	A6	第一階段		第二階段			
		T	A5	A7	十項總和	x	y
	公式						
1	86						
	計算						
2	92						
	計算						
3	124						
	計算						

三、魔數祕密：

數字龍捲風　觸類旁通

班級＿＿＿＿＿＿座號＿＿＿＿＿＿

姓名＿＿＿＿＿＿＿＿＿＿＿＿＿

編號	題目		
1	聽說過最美的黃金比例吧，這個魔數的數字藏著黃金比例喔，黃金比例的近似值是1.618，請試試看你的表格中，A10除以A9答案是多少？（四捨五入法求到小數點第三位）		
	項	數字	發現黃金比例
	A1		
	A2		
	A3		
	A4		
	A5		
	A6		
	A7		
	A8		
	A9		
	A10		

（續上頁）

編號	題目
2	猜猜看下列的數列，空格應該填上什麼？ ❶1,3,5,7,□,11,13 ❷1,1,2,3,5,8,13,21,34,55,□,...,144 ❸20,4,16,37,□,89,145,42,20,4

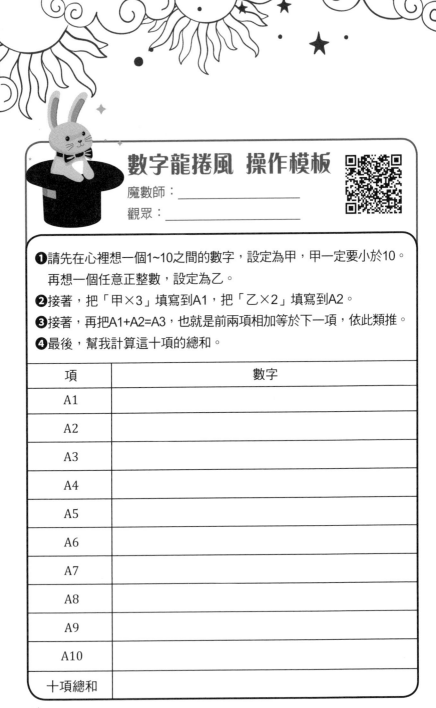

數字龍捲風 操作模板

魔數師：＿＿＿＿＿＿＿＿＿＿＿＿

觀眾：＿＿＿＿＿＿＿＿＿＿＿＿

❶請先在心裡想一個1~10之間的數字，設定為甲，甲一定要小於10。
再想一個任意正整數，設定為乙。

❷接著，把「甲×3」填寫到A1，把「乙×2」填寫到A2。

❸接著，再把A1+A2=A3，也就是前兩項相加等於下一項，依此類推。

❹最後，幫我計算這十項的總和。

項	數字
A1	
A2	
A3	
A4	
A5	
A6	
A7	
A8	
A9	
A10	
十項總和	

神算密令

Ｓ OS，大家對這個求救信號應該不陌生，很多人會以為它是縮寫。有人理解為：「save our souls」（救救我們的生命），其實SOS三個字母在各國的文字裡都不具意義，那為什麼用SOS作為求救信號呢？

　　這其實和密碼的明確性和簡易性有關，也就是大家熟知的摩斯密碼，1906年第二屆國際無線電會議上決定新信號來代替「CQD」，「SOS」信號在摩斯電碼中由「三個短音」加「三個長音」加「三個短音」構成。簡短、準確是最大優點，「SOS」最易發送也最容易辨識，1908 年

7月1日正式生效。所以採用SOS的真正原因，就是它明確方便，對於辨識上可以直接而快速。

　　SOS真正**眾所皆知**是因為一件重大的船難，沒錯，就是知名的鐵達尼號。1912年4月14日，「鐵達尼號」在大西洋海域與冰山相撞。十分鐘後船長發送求救信號的命令，報務員最先發布之前公認的求救信號「CQD」，但是一直沒有得到回應，而此時距離鐵達尼號不遠的加利福尼亞號上沒有報務員值班，錯過了求救信息。最後報務員菲利普斯對另外一人說道：「發送SOS求救信號，這是一種新的國際通用救援信號，試試吧！」、鐵達尼號發布的SOS信號，幸運的被遠在紐約的一位叫薩洛夫的人接收到，他用無線電向全世界播報了這一消息。最後由「卡帕蒂阿號」趕到出事地點，救出705名倖存者。

密碼有一種神祕的魅力，能隱藏特別的資訊，許多的密碼都和數學有關喔！包括我們身份證字號也藏著重要的密碼與公式。

小叮嚀

眾所皆知：大家都知道的意思。

學生討論

密碼是一種隱密傳遞的方式，你知道什麼類型的密碼呢？

本篇效果

觀眾選四組卡片，蓋在桌上，魔數師可以利用卡片上的密碼，瞬間知道數字的總和喔！

108課綱學習內容

數學領域：N-3-2加減直式計算。

綜合領域：Bc-III-3 運用各類資源解決問題的規劃、Ca-III-3 化解危機的資源或策略。

神算密令

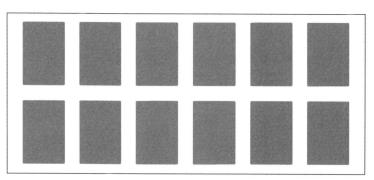

（圖一）

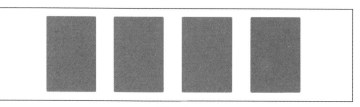

（圖二）

（圖三）

小棟：「密碼可以代表求救信號，密碼也和數學有關。我有一個魔數要送給大家，請妳幫我操作，這裡有十二張卡牌，任意選擇四張，蓋在桌面上。」（圖一）

小妃：「選好了。」（圖二）

小棟：「我感應一下，答案是27851。接著請你把這四張卡牌打開，以直立方式將五組四位數加起來，看看答案是多少？」

小妃：「哇，真的是27851耶，太神奇了！」（圖三）

神算密令 操作流程 (教師用版)

準備	附件生肖卡牌十二張。	
	口語表達	操作細節
流程	魔數師：這裡有十二張卡牌，任意選擇四張，蓋在桌面上。 觀眾：選好了。 魔數師：我感應一下，答案是27851。 魔數師：接著請你把這四張卡牌打開，然後將五組四位數數字加起來，看看答案是多少？ 觀眾：（打開加總後）哇，真的是27851耶，太神奇了！	❶四張卡片背後的生肖就是數字的代表。 ❷十二張選四張的排列方式是P(12，4)=11880，觀眾常認為是背起來，或是答案永遠一樣的，可以引用這個數據回應背起來不是明智之舉，試驗後也會發現每次答案不同。

神算密令

❶學用版（學生筆記）。

❷抄寫流程。

❸學習單引導，將十二張卡片的數字分別加總，觀察後分析討論。

❹這個魔術的流傳已經不可考，最開始的原案是兩人寫在紙上，共五組數字（第五組四位數由觀眾寫），魔術師可以秒答數字的和；後來有魔術師做成紙卡、做成木棒，或是畫在木棒上。

❺教用版紅色字為學用版空格參考解答。

神算密令 學習單

（教師用版）

一、首先，將十二張卡片的數字分別加總，並觀察答案，看看有什麼發現！

鼠	牛	虎	兔
1	7	5	6
5	2	1	7
9	4	8	4
4	2	4	3
＋）0	＋）5	＋）3	＋）2
19	20	21	22
龍	蛇	馬	羊
5	4	7	2
8	6	8	8
9	2	9	3
0	5	0	7
＋）1	＋）7	＋）1	＋）6
23	24	25	26

（續上頁）

猴	雞	狗	豬
3	0	8	9
7	6	1	0
6	5	9	3
2	4	0	2
＋）9	＋）3	＋）1	＋）6
27	18	19	20

觀察後發現
❶每一個直行的總和有規律，而且皆相差1。 ❷每一個直行的總和減去「標記灰色的數字（生肖代表的數字）」後皆為18。

二、模板卡牌的排列方式詳如下表：

背面	鼠	牛	虎	兔	龍	蛇
正面	1 5 9 4 0	7 2 4 2 5	5 1 8 4 3	6 7 4 3 2	5 8 9 0 1	4 6 2 5 7

背面	馬	羊	猴	雞	狗	豬
正面	7 8 9 0 1	2 8 3 7 6	3 7 6 2 9	0 6 5 4 3	8 1 9 0 1	9 0 3 2 6

接著分析討論，用「鼠牛虎兔」排列舉例，假設答案為五位數ABCDE：

生肖		鼠1	牛2	虎3	兔4
進位	2	2	2	2	
		1	7	5	6
		5	2	1	7
		9	4	8	4
		4	2	4	3
	＋)	0	5	3	2
	2	1	2	3	2
分析討論					

$4+18=22=2\times10+2$，E＝2

亦可看成18需要加2，個位數才能進位：$18+2+(4-2)$

因此個位數 E＝(生肖代表的數字-2)

$3+18+2=23=2\times10+3$，D＝3

$2+18+2=22=2\times10+2$，C＝2

$1+18+2=21=2\times10+1$，B＝1，A＝2

再用「馬羊猴雞」排列舉例，假設答案為五位數JKLMN：

生肖		馬7	羊8	猴9	雞0
進位	2	2	2	1	
		7	2	3	0
		8	8	7	6
		9	3	6	5
		0	7	2	4
	＋）	1	6	9	3
	2	7	8	8	8

分析討論

0+18=1×10+8，N＝8

9+18+1=28=2×10+8，M＝8

若要延續剛才的方法，個位數 N＝(生肖代表的數字-2)

會發現 N＝0-2=-2，

因此可以看成末二位數 MN=(生肖代表的數字-2)

8+18+2=28=2×10+8，L＝8

7+18+2=27=2×10+7，K＝7，J＝2

三、魔數祕密：

❶利用十二生肖隱藏密碼算出，密碼如下表。

❷假設答案為五位數ABCDE

A＝2，B＝生肖代表的數字，C＝生肖代表的數字，

D＝生肖代表的數字，E＝(代表生肖的數字-2)，

特殊：若個位數生肖為雞狗鼠，

則末二位數DE＝(代表生肖的二位數字-2)

生肖	鼠	牛	虎	兔	龍	蛇
密碼	1	2	3	4	5	6
生肖	馬	羊	猴	雞	狗	豬
密碼	7	8	9	0	1	2

神算密令 觸類旁通 (教師用版)

編號	題目
1	加法的巧算常是做生意的店家的必備數學工具，我們來看看下列這個式子，挑戰不使用紙和筆，就計算出它的總和。 125+273+375+99+27+46=？ 利用數字拆解、交換律與結合律，將數字先湊出好算的組合： (125+375)+(273+27)+99+1+45=945
2	一樣用心算，但是拿來考別人，唸題目的速度保持一致，比平常說話速度快一點點，會發現很多人算錯。 「題目開始：一千加上四十，再加一千，加三十，再加一千，加二十，再加一千，最後加十，答案多少？」 考考別人，然後算算看，你會發現心算錯誤率頗高，因為這個題目容易造成認知負荷的超載，在一點不專心下就可能錯算，是不是很神奇呀！ 很多人會答5000，正確答案是4100。

神算密令 操作流程

(學生筆記)

班級_____座號_____
姓名_____

準備		
流程	口語表達	操作細節

神算密令 學習單

班級＿＿＿＿＿＿座號＿＿＿＿＿＿

姓名＿＿＿＿＿＿＿＿＿＿＿＿＿＿＿

一、首先，將十二張卡片的數字分別加總，並觀察答案，看看有什麼發現！

鼠	牛	虎	兔
1	7	5	6
5	2	1	7
9	4	8	4
4	2	4	3
+）0	+）5	+）3	+）2
19			
龍	**蛇**	**馬**	**羊**
5	4	7	2
8	6	8	8
9	2	9	3
0	5	0	7
+）1	+）7	+）1	+）6

（續上頁）

猴	雞	狗	豬
3	0	8	9
7	6	1	0
6	5	9	3
2	4	0	2
＋） 9	＋） 3	＋） 1	＋） 6

觀察後發現

❶每一個直行的總和＿＿＿＿＿＿＿＿，而且皆＿＿＿＿＿＿＿＿。

❷每一個直行的總和減去＿＿＿＿＿＿＿＿＿＿＿＿＿＿＿＿＿＿＿

後皆為＿＿＿＿＿＿＿＿。

二、模板卡牌的排列方式詳如下表：

背面	鼠	牛	虎	兔	龍	蛇
正面	1 5 9 4 0	7 2 4 2 5	5 1 8 4 3	6 7 4 3 2	5 8 9 0 1	4 6 2 5 7
背面	馬	羊	猴	雞	狗	豬
正面	7 8 9 0 1	2 8 3 7 6	3 7 6 2 9	0 6 5 4 3	8 1 9 0 1	9 0 3 2 6

接著分析討論，用「鼠牛虎兔」排列舉例，假設答案為五位數ABCDE：

生肖		鼠1	牛2	虎3	兔4
進位					
		1	7	5	6
		5	2	1	7
		9	4	8	4
		4	2	4	3
	＋）	0	5	3	2
	2	1	2	3	2
分析討論					

$4+18=22=2 \times 10+2$，$E＝2$

亦可看成18需要_____，個位數才能_____：_____

因此個位數 $E＝$_____

_____＝___＝_____，$D＝$____

_____＝___＝_____，$C＝$____

_____＝___＝_____，$B＝$____，$A＝$____

再用「馬羊猴雞」排列舉例，假設答案為五位數JKLMN：

生肖		馬7	羊8	猴9	雞0
進位					
		7	2	3	0
		8	8	7	6
		9	3	6	5
		0	7	2	4
	+)	1	6	9	3
		分析討論			

_____＝_____，N＝____

_____＝____＝_____，M＝____

若要延續剛才的方法，個位數 N＝_____

會發現 N＝____＝____，因此可以看成末二位數 MN=_____

_____＝____＝_____，L＝____

_____＝____＝_____，K＝____，J＝____

三、魔數祕密：

❶利用十二生肖隱藏密碼算出，密碼如下表。

❷假設答案為五位數ABCDE

A＝＿＿＿＿＿＿，B＝＿＿＿＿＿＿，C＝＿＿＿＿＿＿，

D＝＿＿＿＿＿＿，

E＝＿＿＿＿＿＿，

特殊：若個位數生肖為＿＿＿＿＿，

則末二位數DE＝＿＿＿＿＿

生肖	鼠	牛	虎	兔	龍	蛇
密碼						
生肖	馬	羊	猴	雞	狗	豬
密碼						

編號	題目
1	加法的巧算常是做生意的店家的必備數學工具，我們來看看下列這個式子，挑戰不使用紙和筆，就計算出它的總和。 125+273+375+99+27+46=？
2	一樣用心算，但是拿來考別人，唸題目的速度保持一致，比平常說話速度快一點點，會發現很多人算錯。 「題目開始：一千加上四十，再加一千，加三十，再加一千，加二十，再加一千，最後加十，答案多少？」

神算密令 操作模板

魔數師：＿＿＿＿＿＿＿＿＿＿

觀眾：＿＿＿＿＿＿＿＿＿＿

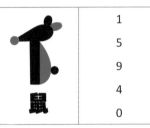鼠	1 5 9 4 0
（背面）	（正面）

兔	6 7 4 3 2
（背面）	（正面）

牛	7 2 4 2 5
（背面）	（正面）

龍	5 8 9 0 1
（背面）	（正面）

虎	5 1 8 4 3
（背面）	（正面）

蛇	4 6 2 5 7
（背面）	（正面）

馬	7 8 9 0 1	鷄	0 6 5 4 3
（背面）	（正面）	（背面）	（正面）
羊	2 8 3 7 6	狗	8 1 9 0 1
（背面）	（正面）	（背面）	（正面）
猴	3 7 6 2 9	豬	9 0 3 2 6
（背面）	（正面）	（背面）	（正面）

（列印後，可剪貼在撲克牌或是空白名片卡上）

Part 11

生日靈數

古時候的人特別迷信，不能把生辰八字告訴別人，深怕被下符咒或是破壞命格。因此清朝時期，坊間的八字算命師生意下滑，當時有一個很聰明的算命師叫做董為狀，他很好學，看到洋人的科技船堅砲利，他總是找機會向他們學習著數術相關知識。

一天，他想，如果不要向客人直接問八字，而用另外一個形式問客人，一樣可以瞬間推算出生日，那客人就會喜歡找他算命，**果不其然**「生日靈數」這個算命法瞬間一傳十、十傳百，不只新鮮，而且不用告訴對方生辰八字。其實這不過是隱藏資

訊,然後再依生辰八字推命盤。

　董為狀的方法是把「月x13＋日x12」作為生日靈數,表面上是兩個未知數,其實可以利用數學瞬間獲得資訊。

老師小語

環境變化時，不能守舊和停止學習。求新求變以受眾（學生或是顧客）為出發點考量，才能改變現況邁向卓越大道。老師也有個猜生日的生日靈數，這篇能帶給大家一個生日資訊的妙算喔！

小叮嚀

果不其然：指事物的發展變化和預料的一樣，同義果然如此、不出所料。

學生討論

分享因環境而自我改變的例子，例如疫情期間餐廳轉換營業模式。

本篇效果

利用觀眾的生日算出生日靈數，生日靈數經過一個計算，竟然和魔數師的預言一模一樣。

數學領域：N-2-6 乘法的意義與應用、N-2-8 兩步驟應用問題（加、減、乘）、A-7-1 代數符號。

綜合領域：Ab-III-1 學習計畫的規劃與執行、Ca-III-2 辨識環境潛藏危機的方法。

魔數效果

生日靈數

$2+17×2＝36$　　　　　　063　　　　　　$360－063＝297$

（圖一）　　　　　　　　（圖二）　　　　　　（圖三）

小妃：「請你用生日計算你的生日靈數，生日靈數等於『月份＋日期×2』，記得先乘除後加減。」

小棟：「我的生日靈數是36。」（圖一）

小妃：「把36後面加一個0，變成三位數360後，把360反向排列是多少呢？」

小棟：「反向排列是063。」（圖二）

小妃：「接著把這兩個數字相減，用大減小，360減063等於多少呢？」

小棟：「360－063＝297。」（圖三）

小妃：「再把297也反向排列，是多少呢？」

		～預言～
792	297＋792＝1089	1089
		你是幸運的人
（圖四）	（圖五）	（圖六）

小棟：「反向排列是792。」（圖四）

小妃：「最後把這兩個數字相加，297加792等於多少呢？」

小棟：「297＋792＝1089。」（圖五）

小妃：「我早就寫好預言了，請你打開預言。」

小棟：「預言是1089耶！」（圖六）

小妃：「算出這個數字的人，都是幸運且幸福的人。」

生日靈數 操作流程 (教師用版)

準備	空白紙（或印出操作模板）、計算用的文具、寫好的預言紙。公式：月份＋日期×2＝生日靈數

流程	口語表達	操作細節
	魔數師：請用你的生日進行計算，月份＋日期×2＝生日靈數，記得先乘除後加減哦。	❶表演前可將模板先印出準備，並將預言紙先摺放好。
	觀眾：我的生日靈數是36。	
	魔數師：請先在36後面加一個0，變成三位數360後，把360反向排列是多少呢？	❷若生日靈數只有一位數則加上00，使其成為三位數。
	觀眾：反向排列是063。	
	魔數師：接著把這兩個數字相減，用大減小，360減063等於多少呢？	

（續上頁）

	口語表達	操作細節
流程	觀眾：360-063=297。 魔數師：再把297也反向排列，是多少呢？ 觀眾：反向排列是792。 魔數師：最後把這兩個數字相加，297加792等於多少呢？ 觀眾：297+792=1089。 魔數師：（手一邊打開預言紙）這個數字就是1089，算出這個數字的人都是幸運且幸福的人。	

生日靈數

❶學用版（學生筆記）。

❷抄寫流程。

❸學習單引導，所有三位數符合這個神奇性質。

❹教用版紅色字為學用版空格參考解答。

生日靈數 學習單

（教師用版）

一、首先，我們用一些數字來觀察，看看有什麼發現！

生日	月份＋日期×2 ＝生日靈數	ABC－CBA＝DEF	DEF＋FED＝???
1月4日	1＋4×2=9	900－009＝891	891＋198＝1089
2月6日	2＋6×2=14	140－041＝099	099＋990＝1089
3月9日	3＋9×2=21	210－012＝198	198＋891＝1089
4月2日	4＋2×2=8	800－008＝792	792＋297＝1089
5月15日	5＋15×2=35	350－053＝297	297＋792＝1089
6月23日	6＋23×2=52	520－025＝495	495＋594＝1089
7月18日	7＋18×2=43	430－034＝396	396＋693＝1089

（續上頁）

生日	月份＋日期×2 ＝生日靈數	ABC－CBA＝DEF	DEF＋FED＝???
8月30日	8＋30×2=68	680－086＝594	594＋495＝1089
9月23日	9＋23×2=55	550－055＝495	495＋594＝1089
10月10日	10＋10×2=30	300－003＝297	297＋792＝1089
11月25日	11＋25×2=61	610－016＝594	594＋495＝1089
12月31日	12＋31×2=74	740－047＝693	693＋396＝1089

寫下自己的生日，計算自己的結果：

我的生日是3月6日，生日靈數是3＋6×2＝15，三位數為150
❶150－051＝099
❷099+990＝1089

二、接著，將數字分析討論：用代數證明所有三位數符合這個神奇性質

<table>
<tr><td colspan="4" align="center">數字分析與驗算</td></tr>
<tr><td>1</td><td>定位板</td><td align="center">百</td><td align="center">十</td><td align="center">個</td></tr>
<tr><td rowspan="2">2</td><td>三位數</td><td align="center">A</td><td align="center">B</td><td align="center">C</td></tr>
<tr><td>列式表達</td><td align="center">A×100</td><td align="center">B×10</td><td align="center">C×1</td></tr>
<tr><td>3</td><td>運算分析</td><td colspan="3">三位數為100A＋10B＋C
反向排列後為100C＋10B＋A

DEF＝100A＋10B＋C－（100C＋10B＋A）
＝100A＋10B＋C－100C－10B－A
＝100A＋C－100C－A
＝99A－99C
＝99（A－C）</td></tr>
</table>

（續上頁）

4	窮舉法	$A-C=$? (可能的數字有1、2、3、4、5、6、7、8、9) $99x1=099$，099+990=1089 $99x2=198$，198+891=1089 $99x3=297$，297+792=1089 $99x4=396$，396+693=1089 $99x5=495$，495+594=1089 $99x6=594$，594+495=1089 $99x7=693$，693+396=1089 $99x8=792$，792+297=1089 $99x9=891$，891+198=1089

三、魔數祕密：

原來三位數不論怎麼算，只要經過這兩步驟計算，都會得到1089這個結果。

證明方法可以更加簡明有效率嗎？
使用代數的證明。

生日靈數 觸類旁通（教師用版）

使用代數的證明可以釐清問題，更可一般化算式的正確性。

不使用窮舉法，我們試著用代數證明結果：$DEF = ABC - CBA$

第一步驟：

$ABC - CBA$可表示為 $\boxed{100A + 10B + C - (100C + 10B + A)}$

$100A + 10B + C - (100C + 10B + A)$

$= 100(A - C - 1) + 90 + C - A + 10$

$100(A - C - 1)$表示 $\boxed{百位D = A - C - 1}$

90表示 $\boxed{十位E = 9}$

$C - A + 10$表示 $\boxed{個位F = C - A + 10}$

（續上頁）

第二步驟：

DEF可表示為 $\boxed{100（A-C-1）+90+C-A+10}$

FED可表示為 $\boxed{100（C-A+10）+90+（A-C-1）}$

DEF＋FED

$=100（A-C-1）+90+C-A+10+100（C-A+10）+90+（A-C-1）$

$=100A-100C-100+90+C-A+10+100C-100A+1000+90+A-C-1$

$=-100+90+10+1000+90-1$

$=（-100+100）+1000+90-1$

$=1000+90-1$

$=1089$

得證，

只要三位數的個位數與百位數不同，不會相減變成0，

所有三位數皆可符合這個神奇的性質。

生日靈數 操作流程
（學生筆記）

班級_____座號_____

姓名_____

準備		
	口語表達	操作細節
流程		

（續上頁）

流程	口語表達	操作細節

生日靈數 學習單

班級＿＿＿＿＿座號＿＿＿＿＿

姓名＿＿＿＿＿＿＿＿＿＿＿＿

一、首先，我們用一些數字來觀察，看看有什麼發現！

生日	月份＋日期×2 ＝生日靈數	ABC－CBA＝DEF	DEF＋FED＝???
1月4日	1＋4×2=9	900－009＝891	891＋198＝1089
2月6日	2＋6×2=14		
3月9日	（ ）＋（ ）×2＝（ ）		
4月2日	（ ）＋（ ）×2＝（ ）		
5月15日	（ ）＋（ ）×2＝（ ）		
6月23日	（ ）＋（ ）×2＝（ ）		
7月18日	（ ）＋（ ）×2＝（ ）		

（續上頁）

生日	月份＋日期×2＝生日靈數	ABC－CBA＝DEF	DEF＋FED＝???
8月30日	（ ）＋（ ）×2＝（ ）		
9月23日	（ ）＋（ ）×2＝（ ）		
10月10日	（ ）＋（ ）×2＝（ ）		
11月25日	（ ）＋（ ）×2＝（ ）		
12月31日	（ ）＋（ ）×2＝（ ）		

寫下自己的生日，計算自己的結果：

二、接著，將數字分析討論：用代數證明所有三位數符合這個神奇性質

數字分析與驗算			
1	定位板	百	十	個
2	三位數	A	B	C
	列式表達	A×100	B×10	C×1
3	運算分析	三位數為＿＿＿＿＿＿＿＿ 反向排列後為＿＿＿＿＿＿＿＿ DEF＝		

（續上頁）

4	窮舉法	A－C＝？ (可能的數字有1、2、3、4、5、6、7、8、9) $99x1＝099$，099+990=1089 $99x2＝198$，198+891=1089

三、魔數祕密：

證明方法可以更加簡明有效率嗎？

生日靈數 觸類旁通

班級_____ 座號_____

姓名_____

使用代數的證明可以釐清問題，更可一般化算式的正確性。

不使用窮舉法，我們試著用代數證明結果：$DEF = ABC - CBA$

（續上頁）

生日靈數 操作模板

魔數師：＿＿＿＿＿＿＿＿＿＿

觀眾：＿＿＿＿＿＿＿＿＿＿

我的生日是（　　）月（　　）日，生日靈數是（　　　　）

把生日靈數設定為三位數（若生日靈數只有一位數則加上00，使其成為三位數）

假設三位數為ABC

❶計算ABC－CBA＝DEF

❷再計算DEF＋FED＝？

預言是 **1089**
你是幸運的人

Part 12

生日方陣

隔壁的朱太太，沒有子女，最近失憶的狀況越來越嚴重，總是像時光機回到過去一樣，沈浸在**兩小無猜**的少年時代。昨天還向她老公要她的錄影帶，別說錄影帶這東西，連DVD都很少聽到了。原本她問一些無厘頭的話，鄰居們還會當風趣地談笑，隨著她病情加重，大家開始同情她的處境。

這幾週，朱先生每隔幾日就去寄信，有一天，朱太太在門口盯著信，喃喃自語，似乎有點苦惱。我打個招呼就想進門，被她叫住，她給我看了信上一個表格，要我幫她解密：

137	122	133	128
132	129	136	123
126	131	124	139
125	138	127	130

　　看完後，我告訴她這個表格很厲害，不論從什麼方向相加，都會是一個特殊的數字。

　　她笑著說：「我想起來了，我老公以前就是喜歡寫這種我看不懂的情書當浪漫，最近我時好時壞，他把以前寫給我的情書偷偷拿去重寄，逗我開心，真的是難為他了，希望他回來時，我這小腦袋可以記得這封情書的意義，他一定會很得意。」

　　說著說著她哭了，我聽著聽著也哭了……

老師小語

人生的價值不是物質，而是無可取代的靈魂，因為那是人類最真摯、最珍貴的感情。

這個方陣怎麼寫出來的？（引用作者莊惟棟《魔數術學》一書第10篇）

小叮嚀

兩小無猜：出自李白長干行，形容感情親密無間。

學生討論

如果親人失憶了，你會用什麼態度陪伴與面對？

本篇效果

利用本書單元三星座感應，單元十一「月份＋日期×2」魔數的資訊，算出觀眾的生日寫成數學魔方陣。

108課綱學習內容

數學領域：N-4-2 較大位數之乘除計算、A-7-1 代數符號。

綜合領域：Ad-III-4 珍惜生命的行動方案。

生日方陣

137	122	133	128
132	129	136	123
126	131	124	139
125	138	127	130

（圖一）

朱太太說著朱先生當時如何用這個表格告白。

朱先生：「老婆，我今天突然感應到一些數字在我的心中，我把這些數字寫在表格中，告訴我你發現什麼？」（圖一）

朱太太：「我看不出來‧‧‧‧‧‧」

朱先生：「哈哈！就知道你這天然呆看不出來。」

朱太太：「你再說一次，誰是天然呆？」

朱先生：「逗你的啦，老公才是天然呆，下次不敢了！千錯萬錯都是老公的錯！老公自己沒說清楚，老婆當然看不出來！」

朱太太：「哈哈！」

朱先生：「在這個表格中，任意畫一條線加起來，會發現橫的、直的、斜的，還有正方形的四個角，加起來都是屬於你的數字。」

朱太太：「答案都是520耶！」

朱先生：「你說520，哈哈，你在跟我告白！」

朱太太：「哈哈！老公又開始自戀了！哪天若我失憶症時，再變一次給我看好嗎？」

朱先生：「希望老婆永遠記得我曾經用這個方陣魔數告白示愛，為你變幾次我都願意！」

生日方陣 操作流程 （教師用版）

準備	學會本書的「星座感應、生日靈數」單元。	
	口語表達	操作細節
流程	魔數師：我感應到一些數字浮現在腦海。 觀眾：是什麼數字？ 魔數師：我把它寫在一個方陣中！ 觀眾：有什麼特別嗎？ 魔數師：任意畫一條線，將四個數字加起來試試，你將發現橫的、直的、斜的，還有正方形的四個角，加起來都是屬於你的數字。	❶用觀眾的生日進行表演。 ❷此表演非常需要計算練習精熟，表演時才能流暢。

生日方陣

❶學用版（學生筆記）。

❷抄寫流程。

❸學習單引導，猜（算）出觀眾的生日、寫出魔數生日方陣，生日方陣數字依照月份由小到大做計算練習，可依照學生程度調整選用，亦可使用全空白學習單重新佈題。

❹教用版紅、淺紅、紫、淺紫色字為學用版空格參考解答。

生日方陣 學習單一

（教師用版）

一、先學會猜出觀眾的生日可能月份：

觀眾	星座	生日靈數	可能月份
1	獅子	48	7或8
2	射手	30	11或12
3	魔羯	11	1或12
4	金牛	21	4或5
5	天秤	16	9或10
6	水瓶	30	1或2
7	天蠍	25	10或11
8	雙子	38	5或6
9	雙魚	33	2或3
10	巨蟹	27	6或7
11	牡羊	40	3或4
12	處女	27	8或9

二、學會猜（算）出觀眾的生日：

假設觀眾的生日為 x 月 y 日，生日靈數＝$x+2y$，已知 $2y$ 必為偶數，生日靈數的數字分析如下：

❶若 x 為奇數，生日靈數＝奇數＋偶數＝奇數

❷若 x 為偶數，生日靈數＝偶數＋偶數＝偶數

所以若生日靈數為奇數，月份必為奇數；若生日靈數為偶數，月份必為偶數。

觀眾	星座	可能月份	判斷月份		判斷月份	計算日期
1	獅子	7或8	48	偶數	8	(48-8)÷2=20
2	射手	11或12	30	偶數	12	(30-12)÷2=9
3	魔羯	1或12	11	奇數	1	(11-1)÷2=5
4	金牛	4或5	21	奇數	5	(21-5)÷2=8
5	天秤	9或10	16	偶數	10	(16-10)÷2=3
6	水瓶	1或2	30	偶數	2	(30-2)÷2=14
7	天蠍	10或11	25	奇數	11	(25-11)÷2=7

觀眾	星座	可能月份	判斷月份		判斷月份	計算日期
8	雙子	5或6	38	偶數	6	(38-6)÷2=16
9	雙魚	2或3	33	奇數	3	(33-3)÷2=15
10	巨蟹	6或7	27	奇數	7	(27-7)÷2=10
11	牡羊	3或4	40	偶數	4	(40-4)÷2=18
12	處女	8或9	27	奇數	9	(27-9)÷2=9

三、魔數祕密：

日期=(生日靈數-月份)÷2 $\rightarrow$ $y=$(生日靈數-x)÷2

生日方陣 學習單二

（教師用版）

一、生日方陣原理解說、分析：

（一）原理解說

假設起始數字為 x

填入順序

14	1	12	7
11	8	13	2
5	10	3	16
4	15	6	9

代數表示

$x+13$	x	$x+11$	$x+6$
$x+10$	$x+7$	$x+12$	$x+1$
$x+4$	$x+9$	$x+2$	$x+15$
$x+3$	$x+14$	$x+5$	$x+8$

想要的數字 $=4x+30$

(想要的數字 $-30)\div 4 = \begin{cases} x \\ x...r \end{cases}$

（二）分析

$$(想要的數字-30) \div 4 = \begin{cases} \text{❶ 餘數0，最後4格皆(+0)} \\ \text{❷ 餘數1，最後4格皆(+1)} \\ \text{❸ 餘數2，最後4格皆(+2)} \\ \text{❹ 餘數3，最後4格皆(+3)} \end{cases}$$

二、學會寫出魔數生日方陣

編號	計算分析	生日方陣
1	1月18日 ❶118-30=88 ❷88÷4=22...0 ❸起始數字為22 ❹最後4格+0	<table><tr><td>35</td><td>22</td><td>33</td><td>28</td></tr><tr><td>32</td><td>29</td><td>34</td><td>23</td></tr><tr><td>26</td><td>31</td><td>24</td><td>37</td></tr><tr><td>25</td><td>36</td><td>27</td><td>30</td></tr></table> 驗算：■正確　□需修正
2	2月23日 ❶223-30=193 ❷193÷4=48...1 ❸起始數字為48 ❹最後4格+1	<table><tr><td>62</td><td>48</td><td>59</td><td>54</td></tr><tr><td>58</td><td>55</td><td>61</td><td>49</td></tr><tr><td>52</td><td>57</td><td>50</td><td>64</td></tr><tr><td>51</td><td>63</td><td>53</td><td>56</td></tr></table> 驗算：■正確　□需修正

二、學會寫出魔數生日方陣（續上頁）

編號	計算分析	生日方陣
3	3月12日 ❶312-30=282 ❷282÷4=70...2 ❸起始數字為70 ❹最後4格+2	<table><tr><td>85</td><td>70</td><td>81</td><td>76</td></tr><tr><td>80</td><td>77</td><td>84</td><td>71</td></tr><tr><td>74</td><td>79</td><td>72</td><td>87</td></tr><tr><td>73</td><td>86</td><td>75</td><td>78</td></tr></table>驗算：■正確　□需修正
4	4月29日 ❶ 429-30=399 ❷399÷4=99...3 ❸起始數字為99 ❹最後4格+3	<table><tr><td>115</td><td>99</td><td>110</td><td>105</td></tr><tr><td>109</td><td>106</td><td>114</td><td>100</td></tr><tr><td>103</td><td>108</td><td>101</td><td>117</td></tr><tr><td>102</td><td>116</td><td>104</td><td>107</td></tr></table>驗算：■正確　□需修正

二、學會寫出魔數生日方陣（續上頁）

編號	計算分析	生日方陣
5	5月16日 ❶516-30=486 ❷486÷4=121...2 ❸起始數字為121 ❹最後4格+2	<table><tr><td>136</td><td>121</td><td>132</td><td>127</td></tr><tr><td>131</td><td>128</td><td>135</td><td>122</td></tr><tr><td>125</td><td>130</td><td>123</td><td>138</td></tr><tr><td>124</td><td>137</td><td>126</td><td>129</td></tr></table>驗算：■正確　□需修正
6	6月14日 ❶614-30=584 ❷584÷4=146...0 ❸起始數字為146 ❹最後4格+0	<table><tr><td>159</td><td>146</td><td>157</td><td>152</td></tr><tr><td>156</td><td>153</td><td>158</td><td>147</td></tr><tr><td>150</td><td>155</td><td>148</td><td>161</td></tr><tr><td>149</td><td>160</td><td>151</td><td>154</td></tr></table>驗算：■正確　□需修正

二、學會寫出魔數生日方陣（續上頁）

編號	計算分析	生日方陣
7	7月31日 ❶731-30=701 ❷701÷4=175…1 ❸起始數字為175 ❹最後4格+1	<table><tr><td>189</td><td>175</td><td>186</td><td>181</td></tr><tr><td>185</td><td>182</td><td>188</td><td>176</td></tr><tr><td>179</td><td>184</td><td>177</td><td>191</td></tr><tr><td>178</td><td>190</td><td>180</td><td>183</td></tr></table> 驗算：■正確　□需修正
8	8月25日 ❶825-30=795 ❷795÷4=198…3 ❸起始數字為198 ❹最後4格+3	<table><tr><td>214</td><td>198</td><td>209</td><td>204</td></tr><tr><td>208</td><td>205</td><td>213</td><td>199</td></tr><tr><td>202</td><td>207</td><td>200</td><td>216</td></tr><tr><td>201</td><td>215</td><td>203</td><td>206</td></tr></table> 驗算：■正確　□需修正

二、學會寫出魔數生日方陣（續上頁）

編號	計算分析	生日方陣
9	9月3日 ❶903-30=873 ❷873÷4=218…1 ❸起始數字為218 ❹最後4格+1	<table><tr><td>232</td><td>218</td><td>229</td><td>224</td></tr><tr><td>228</td><td>225</td><td>231</td><td>219</td></tr><tr><td>222</td><td>227</td><td>220</td><td>234</td></tr><tr><td>221</td><td>233</td><td>223</td><td>226</td></tr></table>驗算：■正確　□需修正
10	10月17日 ❶1017-30=987 ❷987÷4=246…3 ❸起始數字為246 ❹最後4格+3	<table><tr><td>262</td><td>246</td><td>257</td><td>252</td></tr><tr><td>256</td><td>253</td><td>261</td><td>247</td></tr><tr><td>250</td><td>255</td><td>248</td><td>264</td></tr><tr><td>249</td><td>263</td><td>251</td><td>254</td></tr></table>驗算：■正確　□需修正

二、學會寫出魔數生日方陣（續上頁）

編號	計算分析	生日方陣
11	**11月26日** ❶1126-30=1096 ❷1096÷4=274...0 ❸起始數字為274 ❹最後4格+0	<table><tr><td>287</td><td>274</td><td>285</td><td>280</td></tr><tr><td>284</td><td>281</td><td>286</td><td>275</td></tr><tr><td>278</td><td>283</td><td>276</td><td>289</td></tr><tr><td>277</td><td>288</td><td>279</td><td>282</td></tr></table> 驗算：■正確　□需修正
12	**12月24日** ❶1224-30=1194 ❷1194÷4=298...2 ❸起始數字為298 ❹最後4格+2	<table><tr><td>313</td><td>298</td><td>309</td><td>304</td></tr><tr><td>308</td><td>305</td><td>312</td><td>299</td></tr><tr><td>302</td><td>307</td><td>300</td><td>315</td></tr><tr><td>301</td><td>314</td><td>303</td><td>306</td></tr></table> 驗算：■正確　□需修正

生日方陣 觸類旁通（教師用版）

二元一次的求解，最先應該熟悉「解」的意義。國小先從代入的方式引導到國中的代入消去，最後理解及應用加減消去法；在魔方陣中可以看到平均數的概念，為了平均分配，大的不能配大的，小的不能配小的，所以1、2、3、4不能在同行同列之中，才不會失衡。

編號	題目	思考過程與答案
1	$x+y=30$ $x=5$，$y=?$	$x=5$ 代入 $x+y=30$ $5+y=30$ $y=25$
2	$3x+2y=73$ $y=23$，$x=?$	$y=23$ 代入 $3x+2y=73$ $3x+2\times23=73$ $3x+46=73$ $3x=73-46$ $3x=27$ $x=9$
3	挑戰題： $2x+y=20$ $3x=y$ $x=?$ $y=?$	$3x=y$ 可以寫成 $y=3x$ $y=3x$ 代入 $2x+y=20$ $2x+3x=20$ $5x=20$ $x=4$

生日方陣 操作流程
(學生筆記)

班級_____座號_____

姓名_____

準備		
	口語表達	**操作細節**
流程		

生日方陣 學習單 一

班級＿＿＿＿＿＿座號＿＿＿＿＿＿
姓名＿＿＿＿＿＿＿＿＿＿＿＿＿＿＿

一、先學會猜出觀眾的生日可能月份：

觀眾	星座	生日靈數	可能月份
1	獅子	48	
2	射手	30	
3	魔羯	11	
4	金牛	21	
5	天秤	16	
6	水瓶	30	
7	天蠍	25	
8	雙子	38	
9	雙魚	33	
10	巨蟹	27	
11	牡羊	40	
12	處女	27	

二、接著,學會猜(算)出觀眾的生日:

假設觀眾的生日為 x月y日,生日靈數＝x+2y,已知 2y 必為偶數,生日靈數的數字分析如下:

❶若x為奇數,生日靈數＝奇數＋偶數＝奇數

❷若x為偶數,生日靈數＝偶數＋偶數＝偶數

所以若生日靈數為奇數,月份必為奇數;若生日靈數為偶數,月份必為偶數。

觀眾	星座	可能月份	判斷月份		判斷月份	計算日期
1	獅子	7或8	48	偶數	8	(48-8)÷2=20
2	射手		30			
3	魔羯		11			
4	金牛		21			
5	天秤		16			
6	水瓶		30			
7	天蠍		25			

（續上頁）

觀眾	星座	可能月份	判斷月份	判斷月份	計算日期
8	雙子		38		
9	雙魚		33		
10	巨蟹		27		
11	牡羊		40		
12	處女		27		

三、魔數祕密：

生日方陣 學習單 二

班級_____座號_____
姓名_____

一、生日方陣原理解說、分析：

（一）原理解說

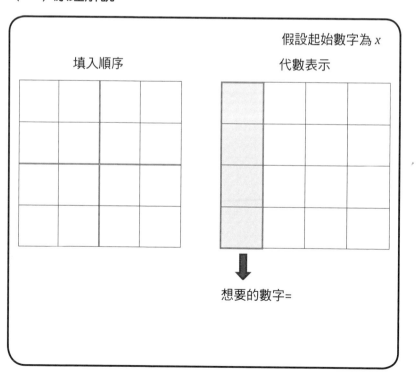

假設起始數字為 x

填入順序

代數表示

想要的數字=

（二）分析

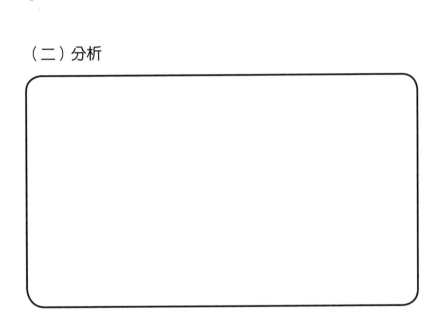

（三）以下為餘數不同的範例，商皆等於18，所以起始數字皆為18

想要的數字	減30	除以4的商	餘數	最後4格
102	72	18	0	+0
103	73	18	1	+1
104	74	18	2	+2
105	75	18	3	+3

想要的數字＝102

餘數 0，最後 4 格+0			
31	18	29	24
28	25	30	19
22	27	20	33
21	32	23	26

驗算：■正確　　□需修正

想要的數字＝103

餘數 1，最後 4 格+1			
32	18	29	24
28	25	31	19
22	27	20	34
21	33	23	26

驗算：■正確　　□需修正

想要的數字＝104

餘數 2，最後 4 格+2			
33	18	29	24
28	25	32	19
22	27	20	35
21	34	23	26

驗算：■正確　　□需修正

想要的數字＝105

餘數 3，最後 4 格+3			
34	18	29	24
28	25	33	19
22	27	20	36
21	35	23	26

驗算：■正確　　□需修正

二、學會寫出魔數生日方陣

編號	計算分析	生日方陣
1	1月18日 ❶118-30=88 ❷88÷4=22...0 ❸起始數字為22 ❹最後4格+0	<table><tr><td>35</td><td>22</td><td>33</td><td>28</td></tr><tr><td>32</td><td>29</td><td>34</td><td>23</td></tr><tr><td>26</td><td>31</td><td>24</td><td>37</td></tr><tr><td>25</td><td>36</td><td>27</td><td>30</td></tr></table>驗算：□正確　□需修正
2	2月23日 ❶ ❷ ❸ ❹	驗算：□正確　□需修正

二、學會寫出魔數生日方陣（續上頁）

編號	計算分析	生日方陣
3	3月12日 ❶ ❷ ❸ ❹	<table><tr><td></td><td></td><td></td><td></td></tr><tr><td></td><td></td><td></td><td></td></tr><tr><td></td><td></td><td></td><td></td></tr><tr><td></td><td></td><td></td><td></td></tr></table> 驗算：☐正確　☐需修正
4	4月29日 ❶ ❷ ❸ ❹	<table><tr><td></td><td></td><td></td><td></td></tr><tr><td></td><td></td><td></td><td></td></tr><tr><td></td><td></td><td></td><td></td></tr><tr><td></td><td></td><td></td><td></td></tr></table> 驗算：☐正確　☐需修正

二、學會寫出魔數生日方陣（續上頁）

編號	計算分析	生日方陣
5	5月16日 ❶ ❷ ❸ ❹	 驗算：□正確　□需修正
6	6月14日 ❶ ❷ ❸ ❹	 驗算：□正確　□需修正

二、學會寫出魔數生日方陣（續上頁）

編號	計算分析	生日方陣
7	7月31日 ❶ ❷ ❸ ❹	 驗算：□正確　□需修正
8	8月25日 ❶ ❷ ❸ ❹	 驗算：□正確　□需修正

二、學會寫出魔數生日方陣（續上頁）

編號	計算分析	生日方陣
9	9月3日 ❶ ❷ ❸ ❹	 驗算：☐正確　☐需修正
10	10月17日 ❶ ❷ ❸ ❹	 驗算：☐正確　☐需修正

二、學會寫出魔數生日方陣（續上頁）

編號	計算分析	生日方陣
11	11月26日 ❶ ❷ ❸ ❹	<table><tr><td></td><td></td><td></td><td></td></tr><tr><td></td><td></td><td></td><td></td></tr><tr><td></td><td></td><td></td><td></td></tr><tr><td></td><td></td><td></td><td></td></tr></table> 驗算：□正確　□需修正
12	12月24日 ❶ ❷ ❸ ❹	<table><tr><td></td><td></td><td></td><td></td></tr><tr><td></td><td></td><td></td><td></td></tr><tr><td></td><td></td><td></td><td></td></tr><tr><td></td><td></td><td></td><td></td></tr></table> 驗算：□正確　□需修正

二、學會寫出魔數生日方陣（全空白）

編號	計算分析	生日方陣
1	（　　　）月（　　　）日 ❶ ❷ ❸ ❹	驗算：□正確　□需修正
2	（　　　）月（　　　）日 ❶ ❷ ❸ ❹	驗算：□正確　□需修正

生日方陣 觸類旁通

班級＿＿＿＿＿座號＿＿＿＿＿

姓名＿＿＿＿＿＿＿＿＿＿＿＿

二元一次的求解，最先應該熟悉「解」的意義。國小先從代入的方式引導到國中的代入消去，最後理解及應用加減消去法；在魔方陣中可以看到平均數的概念，為了平均分配，大的不能配大的，小的不能配小的，所以1、2、3、4不能在同行同列之中，才不會失衡。

編號	題目	思考過程與答案
1	$x+y=30$ $x=5$，$y=$？	
2	$3x+2y=73$ $y=23$，$x=$？	
3	挑戰題： $2x+y=20$ $3x=y$ $x=$？$y=$？	

生日方陣 操作模板

魔數師：＿＿＿＿＿＿＿＿＿＿

觀眾：＿＿＿＿＿＿＿＿＿＿

屬於你的數字

（可列印此頁表演時使用）

	(	) + (	) + (	) + (	) = (	)
直	(	) + (	) + (	) + (	) = (	)
	(	) + (	) + (	) + (	) = (	)
	(	) + (	) + (	) + (	) = (	)
橫	(	) + (	) + (	) + (	) = (	)
	(	) + (	) + (	) + (	) = (	)
	(	) + (	) + (	) + (	) = (	)
	(	) + (	) + (	) + (	) = (	)
斜	(	) + (	) + (	) + (	) = (	)
	(	) + (	) + (	) + (	) = (	)
四角	(	) + (	) + (	) + (	) = (	)
	(	) + (	) + (	) + (	) = (	)
	(	) + (	) + (	) + (	) = (	)
	(	) + (	) + (	) + (	) = (	)
	(	) + (	) + (	) + (	) = (	)
	(	) + (	) + (	) + (	) = (	)

NOTE

魔數學習單

老師備課、學生自學、親子共讀的數學魔術推理書

作者莊惟棟、王妤妃 **繪圖**張暐妮 **美術設計**RabbitsDesign
行銷企劃經理呂妙君 **行銷專員** 許立心

總編輯林開富 **社長**李淑霞 **PCH生活旅遊事業總經理**李淑霞 **發行人**何飛鵬 **出版公司**墨刻出版股份有限公司 **地址**台北市民生東路2段141號9樓 **電話** 886-2-25007008 **傳真**886-2-25007796 **EMAIL** mook_service@cph.com.tw **網址** www.mook.com.tw **發行公司**英屬蓋曼群島商家庭傳媒股份有限公司城邦分公司 **城邦讀書花園** www.cite.com.tw **劃撥**19863813 **戶名**書蟲股份有限公司 **香港發行所**城邦（香港）出版集團有限公司 **地址**香港灣仔洛克道193號東超商業中心1樓 **電話**852-2508-6231 **傳真**852-2578-9337 **經銷商**聯合股份有限公司（電話：886-2-29178022）金世盟實業股份有限公司 **製版印刷** 漾格科技股份有限公司 **城邦書號**KG4023 **ISBN** 978-986-289-737-9 **定價**480元 **出版日期**2022年07月初版‧2022年08月二刷‧2022年09月三刷‧2024年05月四刷 **版權所有‧翻印必究**

國家圖書館出版品預行編目(CIP)資料

魔數學習單：老師備課、學生自學、親子共讀的數學魔術推理書/莊惟棟, 王妤妃著. – 初版. – 臺北市：墨刻出版股份有限公司出版：英屬蓋曼群島商家庭傳媒股份有限公司城邦分公司發行, 2022.07
　面；　公分
ISBN 978-986-289-737-9(平裝)
1.CST: 數學教育 2.CST: 課程綱要 3.CST: 中等教育

524.32　　　　　　　　　　　111009121